La información contenida en este libro se basa en las investigaciones y experiencias personales y profesionales del autor y no debe utilizarse como sustituto de una consulta médica. Cualquier intento de diagnóstico o tratamiento deberá realizarse bajo la dirección de un profesional de la salud. La editorial no aboga por el uso de ningún protocolo de salud en particular, pero cree que la información contenida en este libro debe estar a disposición del público. La editorial y el autor no se hacen responsables de cualquier reacción adversa o consecuencia producidas como resultado de la puesta en práctica de las sugerencias, fórmulas o procedimientos expuestos en este libro. En caso de que el lector tenga alguna pregunta relacionada con la idoneidad de alguno de los procedimientos o tratamientos mencionados, tanto el autor como la editorial recomiendan encarecidamente consultar con un profesional de la salud.

2ª edición: noviembre 2021
Título original: GOOD VIBES, GOOD LIFE
Traducido del inglés por Antonio Gómez Molero
Maquetación de interior: Toñi F. Castellón

© de la edición original
  20218, Vex King

  Publicado inicialmente en 2018 por Hay House UK Ltd
  Puedes sintonizar la emisora de Hay House en www.hayhouseradio.com

© de las ilustraciones
  2018, Camissao

© de la portada
  HappyLetters
  www.happyletters.es

© de la presente edición
  EDITORIAL SIRIO, S.A.
  C/ Rosa de los Vientos, 64
  Pol. Ind. El Viso
  29006-Málaga
  España

  www.editorialsirio.com
  sirio@editorialsirio.com

I.S.B.N.: 978-84-18000-91-1
Depósito Legal: MA-1185-2020

Impreso en Imagraf Impresores, S. A.
c/ Nabucco, 14 D - Pol. Alameda
29006 - Málaga

Impreso en España

Puedes seguirnos en Facebook, Twitter, YouTube e Instagram.

 El papel utilizado para la impresión de este libro está **libre de cloro** elemental (ECF) y su procedencia está certificada por una entidad independiente, no gubernamental, que promueve la sostenibilidad de los bosques.

VEX KING

EDITORIAL
SIRIO

Mamá, te dedico este libro. Hemos tenido una vida dura, pero con tu fuerza, fe y perseverancia, lograste que consiguiéramos cosas extraordinarias.

A pesar de todos los obstáculos con los que has tropezado y de las muchas veces que te defraudé, solo me has mostrado amor incondicional. Ese amor te llevó a sacrificarte, y gracias a él jamás he perdido la sonrisa. Me perdonaste, me abrazaste, reíste, me inspiraste y animaste, me curaste e hiciste todo lo que podías para demostrar que con amor todo era posible. Por eso hoy estoy aquí, transmitiendo mi amor a los demás por medio de mis palabras.

También te lo dedico a ti, papá; naturalmente, sin ti mi existencia no sería posible. Aunque nunca llegué a conocerte bien, siempre he sentido cómo tu energía me guía cuando más lo necesito. Sé lo mucho que signifiqué para ti cuando nací. Espero que estés orgulloso de mí.

Por último, me gustaría dedicar este libro a todo el que tenga un sueño, aunque solo sea el sueño de sobrevivir o salir de una mala racha. Mi sueño era escribir un libro que cambiara para bien vidas en todo el mundo. Si yo puedo lograrlo, tú también puedes. Creo en ti. Espero que tú también.

Índice

Cuarta parte. Acéptate a ti mismo

Quinta parte. Alcanzar metas: el trabajo mental

Sexta parte. Cómo alcanzar tus metas: la acción

Séptima parte. Dolor y propósito

Introducción

Durante mi infancia estuve tres años sin un hogar fijo. En esa época, mi familia y yo vivíamos con parientes y pasábamos breves períodos en un centro de acogida. Me sentía agradecido de tener un techo, pero recuerdo lo aterradora que fue la experiencia de estar en ese centro.

Alrededor de la entrada había siempre personajes de aspecto desagradable que nos lanzaban miradas penetrantes cuando entrábamos en el edificio. Yo apenas tenía cuatro años y aquello me daba miedo. Pero mi madre me aseguraba que todo iría bien, que solo teníamos que mirar al suelo e ir directamente a nuestra habitación.

Una noche salimos, y al volver había sangre por toda la escalera y en las paredes del pasillo. El suelo estaba cubierto de fragmentos de vidrio. Mis hermanas y yo nunca habíamos visto nada tan horrible. Al mirar a mi madre me di cuenta de que estaba asustada. Pero una vez más, hizo de tripas corazón, y nos dijo que anduviéramos con cuidado, para no pisar el vidrio, y fuéramos a nuestra habitación.

Todavía conmocionados por lo que acabábamos de ver, mis hermanas y yo tratamos de averiguar qué podría haber pasado abajo en el pasillo. Luego oímos voces y gritos, seguidos de ruidos caóticos. Fue terrible. Una vez más, miramos a mamá en busca de consuelo. Ella tiró de nosotros arrimándonos a su cuerpo y nos dijo que no nos preocupáramos. Pero podía oír los latidos de su corazón. Estaba tan aterrada como nosotros.

Apenas dormimos. Los gritos no cesaron en toda la noche. No entendía cómo la policía no pasaba por el centro de acogida ni había nadie que intentara poner orden. Parecía como si la seguridad de quienes estábamos allí no le importara a nadie. Mi impresión era que nadie se preocupaba por nosotros, que tendríamos que defendernos solos, en un mundo frío y hostil.

Cuando les cuento recuerdos de la infancia como este a mis amigos y familiares, se sorprenden de lo mucho que puedo recordar. Suelen preguntarme: «¿Cómo puedes acordarte de eso? Eras muy pequeño». No me acuerdo de todo, ni tampoco recuerdo con precisión los detalles. Lo que no he olvidado nunca es lo que sentía durante esas vivencias, buenas y malas. Lo que viví tenía una enorme carga emocional, y su recuerdo me persiguió durante mucho tiempo.

A lo largo de mi adolescencia deseaba que muchos de estos recuerdos desaparecieran. Me hubiera gustado borrarlos para que no me recordaran las dificultades que atravesé cuando niño. Algunos de ellos incluso me avergonzaban. No me sentía a gusto conmigo mismo. Hubo momentos en los que dije e hice cosas que no se correspondían con el niño que seguía siendo en el fondo. A menudo sentía que el mundo me había herido, y quería devolverle el daño.

Las cosas han cambiado. Ahora vuelvo la mirada atrás y acepto todo lo que sucedió; en cada vivencia hay una lección que aprender.

Comprendo que mis experiencias, tanto las buenas
y las malas como las directamente horribles,
forman parte de quien he llegado a ser.

Aunque algunas dolieran, me alegro de haber pasado por ellas porque me enseñaron mucho. Mis experiencias me empujaron a salir de la miseria y esforzarme por lograr una vida mejor.

Escribí este libro para compartir las lecciones que he aprendido, con la esperanza de que te proporcionen algo de claridad y orientación para vivir lo que yo llamo una *vida extraordinaria*. De ti depende el provecho que extraigas de esta lectura. Entiendo que algunas ideas te resonarán, mientras que otras te producirán rechazo. No obstante, creo que si aplicas los conceptos que expongo en esta obra, experimentarás cambios extraordinarios en tu vida.

No soy filósofo, ni psicólogo, tampoco soy científico ni líder religioso. Únicamente soy alguien a quien le gusta aprender y compartir la sabiduría con los demás, esperando que esto les ayude a sentirse mejor y desprenderse de los sentimientos negativos.

Creo que todos hemos venido aquí para aportar nuestro grano de arena. Mi misión es ayudarte a encontrar tu propósito, para que puedas enriquecer a este mundo que anda sumido en una profunda crisis. Si, como sociedad, logramos convertirnos en ciudadanos conscientes del valor del planeta, reduciremos la carga que le imponemos. Cuando vivas con todo tu potencial, no solo cambiarás tu vida, sino que además transformarás el mundo que te rodea.

Hay quienes se sienten cómodos con la mediocridad. Evitan vivir una vida extraordinaria, una existencia que vaya más allá de lo que la mayoría considera la norma. Para vivir una vida extraordinaria has de descubrir tu grandeza. En términos sencillos, ser grande consiste en dar lo mejor de ti; en escapar de las limitaciones imaginarias que te atan a una vida a la que te has resignado, y adentrarte en el terreno de lo desconocido. Tener una mentalidad de grandeza significa vivir una vida sin límites, con infinitas posibilidades. Por esta razón, no podemos definir dónde comienza o termina la grandeza. Solo podemos esforzarnos por ser mejores.

Deja de intentar impresionar a la gente.
Impresiónate a ti mismo. Supérate. Ponte a prueba.
Sé la mejor versión que puedas ser.

Este libro te exige que, desde *ahora mismo*, te comprometas a superarte. Mi objetivo es ayudarte a ser mejor que el día anterior en todos los sentidos, cada día, y durante el resto de tu vida. Si te despiertas con este deseo en tu mente y lo sigues de manera consciente, te sorprenderá cuánta inspiración encuentras. Tu vida comenzará a reflejar ese compromiso con el progreso.

La grandeza no es un término unidimensional. Aunque es subjetivo, la mayoría asociará la palabra con tener un talento especial, mucho dinero o posesiones materiales, autoridad o estatus, y haber conseguido grandes logros. Sin embargo, la verdadera grandeza va más allá de eso. No puede existir sin propósito, amor, altruismo, humildad, aprecio, amabilidad y, por supuesto, tampoco puede existir sin nuestra mayor prioridad como seres humanos: la felicidad. Cuando pienso en la grandeza, pienso en alcanzar un nivel de maestría en todos los aspectos de la vida y en tener un impacto positivo en el mundo. Cuando hablamos de ser grande no nos referimos únicamente a los peces gordos, sino también a aquellos que nos sorprenden con su tremenda personalidad.

Te mereces una vida extraordinaria y este libro te ayudará a crearla.

OBJETIVO DIARIO

«Ser mejor que ayer».

Sube tus fotos, imágenes, páginas, citas y experiencias favoritas relacionadas con este libro a las redes sociales usando #VexKingBook para que pueda darte un *like* e incluirlas en mi página.

¿En qué consiste el amor propio?

Para sentirnos en paz, necesitamos equilibrio: equilibrio entre el trabajo y el ocio, entre la acción y la paciencia, entre el gasto y el ahorro, entre la risa y la seriedad, entre irnos y quedarnos. No lograr ese equilibrio en cada área de tu vida puede dejarte exhausto, y hacerte sentir muchas emociones desagradables, como la culpa.

He aquí un ejemplo de cómo equilibrar la acción y la paciencia. Si eres responsable de dirigir el proyecto de último año de la universidad y sorprendes a un miembro de tu equipo con el que te llevas bien perdiendo el tiempo en las redes sociales en lugar de ayudar al equipo, puedes hacer la vista gorda. Si esa actitud se repite a menudo y notas que su productividad disminuye, puedes advertirle que, de seguir así, tendrás que informar al representante de tu curso. Si, tras esto, decide ignorarte y continuar con su comportamiento, ¿te sentirías culpable de tomar otras medidas?

Puede que, si eres una persona amable y comprensiva, temas hacerle daño y causarle problemas. Informar al encargado del curso podría implicar que tu amigo tenga que enfrentarse a graves consecuencias que afecten a su calificación final y perjudiquen su futuro. Pero la cuestión es que te está faltando al respeto y no hace caso a tus advertencias. Puede que sientas que se está aprovechando de tu bondad, y te preocupe que otros miembros del proyecto se disgusten si interpretan tu indulgencia como favoritismo.

En este caso, si eres amable y honesto, y te comportas con integridad, no tienes que sentirte culpable por tomar más medidas.

Es importante que entiendas que prescindir de alguien a quien no le importas no es una injusticia.

Como responsable del proyecto, puedes recordar que lo hiciste lo mejor que pudiste, y tu amigo, lamentablemente, no quiso cooperar. Si no tomas medidas, te arriesgas a perder no solo tu paz interior, sino también el respeto de tu equipo, además de perjudicar tu calificación final.

Al adoptar un enfoque equilibrado, te sentirás más a gusto y evitarás los sentimientos negativos, como la culpa. Utilizas tanto la acción como la paciencia. Puedes demostrar que eres comprensivo y que perdonas, y al mismo tiempo ser firme y serio. Lo más probable es que aun en el caso de que este estudiante se moleste por tu decisión, te respete por haberle dado una oportunidad.

Entonces, ¿qué tiene esto que ver con el amor propio? Bueno, la expresión *amor propio* a menudo se malinterpreta. El amor propio fomenta la aceptación, pero mucha gente usa esto como excusa para no dejar que nadie le discuta nada. De hecho, el amor propio consiste en dos elementos esenciales que deben estar equilibrados para vivir en armonía.

El primer elemento fomenta el amor incondicional hacia ti mismo. Aquí nos centramos en la actitud. La verdad es que no te vas a querer más por el hecho de, por ejemplo, adelgazar, engordar o someterte a una operación de cirugía estética. Puede que te sientas más seguro, eso sí. Pero el verdadero amor propio consiste en

El amor propio consiste en el equilibrio entre el aceptarte a ti mismo tal como eres, reconociendo que te mereces algo mejor, y el esforzarte para lograrlo.

apreciarte seas como seas y estés como estés, independientemente de cualquier transformación a la que aspires.

El segundo elemento te anima a crecer y se centra en la adopción de medidas. Superarte a ti mismo y mejorar tu vida también es amor propio porque significa que reconoces que te mereces algo más que conformarte con la mediocridad.

Al hablar de amor propio, piensa en lo que significa amar incondicionalmente a los demás. Tu pareja, por ejemplo, puede tener hábitos molestos, pero eso no significa que la quieras menos.

La aceptas tal como es, y a veces incluso aprendes de sus defectos. También quieres lo mejor para ella. Por lo tanto, si un hábito en particular estuviera afectando a su salud, la ayudarías a realizar cambios positivos. Esto demuestra que la amas incondicionalmente. No la juzgas con dureza, pero sí quieres que dé de sí todo lo que puede, por su propio bien. El amor propio consiste en que te apliques esto a ti mismo: buscar siempre lo mejor para ti.

El verdadero amor propio puede estar presente en cualquier aspecto que enriquezca tu vida, desde tu dieta hasta tus rituales espirituales o tu manera de relacionarte con los demás. Y, por supuesto, un valor significativo del amor propio es la aceptación: estar contento con lo que eres, como eres. Por consiguiente, el amor propio te libera y te da autonomía.

Entender el amor propio nos permite encontrar el equilibrio entre la mentalidad y la acción. Sin equilibrio tropezaremos, caeremos y nos sentiremos desvalidos. Cuando te ames a ti mismo, la vida comenzará a amarte.

El equilibrio entre la actitud y la acción te permitirá vibrar a una frecuencia superior. Estudiaremos esto más a fondo en los próximos capítulos.

PRIMERA PARTE

Cuestión de vibraciones

Introducción

Mi época en la universidad estuvo marcada por las dificultades económicas. Aunque me habían concedido una beca,
destinaba la mayor parte a pagar mi alojamiento. Me quedaba muy poco para vivir. No podía permitirme comprar ningún
libro de texto. No le pedía dinero a mi madre, porque sabía que lo
estaba pasando mal. Sabía que si se lo pedía, me conseguiría el dinero como fuera, lo mismo que había hecho toda su vida, aunque
tuviera que quedarse sin comer.

Por lo general, me administraba bien. Podía salir de fiesta con
mis amigos con regularidad, nunca pasaba hambre, y tampoco tenía que usar siempre la misma ropa. Ganaba algo de dinero con
encargos que hacía por Internet, como diseños de página persona-
lizados en MySpace.

Durante un trimestre de verano volví a casa para tomarme un
descanso. No me quedaba dinero y todo me parecía muy difícil. No
quería volver a la universidad porque estaba desilusionado con los
estudios y me faltaba motivación para completar la tarea que me
habían encargado para el verano. Tras haber pasado gran parte del
año estudiando, me vi obligado a encontrar un trabajo estival para
poder mantenerme cuando volviera a la universidad. Todos mis

amigos estaban planeando pasar juntos esas vacaciones que tanta falta nos hacían, y no podía permitirme ir con ellos. Además, tenía problemas con una chica. Las dificultades que experimentaba en mis relaciones sentimentales y platónicas me enfurecían constantemente, y no estaba contento con mi vida.

Una noche, descubrí un libro llamado *El secreto*.[1] La gente decía que le cambiaba la vida, y que podía ayudar a todo el mundo. Se basaba en un principio simple: la ley de la atracción.

La premisa de la ley de la atracción es que creamos aquello que pensamos. En otras palabras, podemos atraer las cosas que queremos a nuestras vidas si nos dedicamos a pensar en ellas. Esto se aplica tanto a lo que quieres como a lo que no quieres; sencillamente, aquello en lo que te centres llegará a ti. Por lo tanto, la ley de la atracción enfatiza la importancia de pensar en lo que quieres, en lugar de enfocarte en aquello que te preocupa o temes.

La ley de la atracción hace mucho hincapié
en el pensamiento positivo.

Me parecía demasiado bueno para ser verdad, así que empecé a investigar y leí sobre gente que afirmaba que la ley de la atracción le estaba trayendo cambios asombrosos. ¿Podría aplicarlo a mi vida también?

Sabía exactamente lo que quería: irme de vacaciones con mis amigos. Necesitaba unas quinientas libras esterlinas para conseguirlo. Así que seguí las pautas generales y traté de ser lo más positivo posible.

A la semana siguiente, recibí una carta de la oficina tributaria en la que me decían que podría haber pagado demasiados impuestos. ¿Era esto una señal de que la ley de la atracción estaba funcionando? Rellené el formulario para proporcionarles más detalles y lo envié por correo tan pronto como pude. Pasó una semana y no tuve noticias. Mis amigos se estaban preparando para reservar sus vacaciones, y yo me sentía fatal por no poder acompañarlos. Aún mantenía la esperanza de una posible devolución de impuestos.

Cada vez más frustrado, llamé a la oficina tributaria y les pregunté si habían recibido mi carta. Me confirmaron que lo habían hecho, y que recibiría noticias pronto. En aquel momento me sentía entusiasmado, pero se me estaba acabando el tiempo. El trimestre de verano estaba terminando y mis amigos se marcharían pronto.

Pasó otra semana sin noticias. Estaba empezando a renunciar a la idea y les dije a mis amigos que reservaran las vacaciones sin mí. Decidí centrarme en otras cosas y mejorar mi estado de ánimo leyendo material motivacional. Al menos eso me haría sentir un poco mejor.

Pasaron unos días más y luego llegó un sobre de la oficina de impuestos. Lo abrí nerviosamente. Dentro había un cheque por valor de ochocientas libras. Estaba asombrado, abrumado y encantado. Fui al banco tan rápido como pude para depositar el cheque. Por lo general, los cheques tardan hasta cinco días en liquidarse, pero este estuvo en mi cuenta a los tres días.

El lunes siguiente, mis amigos y yo reservamos unas vacaciones de última hora y salimos en avión cuatro días más tarde. Lo pasé de maravilla. Pero, lo que es más importante, me convertí en un creyente en la ley de la atracción.

Decidí que la usaría para cambiar por completo mi vida.

A la ley de la atracción le falta algo

P ara que la ley de la atracción funcione, hay que pensar positivamente. Sin embargo, es difícil mantenerse positivo en todo momento. Cuando las cosas van mal, o no salen como esperamos, es difícil conservar el optimismo.

Aunque la mayoría de la gente me veía como una persona positiva, cuando había problemas, perdía por completo la perspectiva. La ira terminaba siempre dominándome. A veces, los acontecimientos externos me provocaban tanta rabia que quería destrozar todo lo que veía. A consecuencia de esto entraba en una espiral descendente. Mi estado de ánimo fluctuaba constantemente entre subidas y bajadas extremas. Como si fuera dos personas diferentes. Esta discordancia se reflejaba en mi vida. Pasaba por algunos períodos realmente buenos y luego por otros bastante malos. En las épocas malas me resultaba imposible ver nada positivo. Tendía a hundirme y a descargar mis frustraciones contra el mundo destrozando muebles, hablando groseramente a los demás y quejándome de lo terrible que era la vida.

Durante mi último año de universidad, sufrí un enorme revés en un proyecto grupal cuya puntuación constituía un elevado porcentaje de mi calificación final. Esto sucedió cuando los miembros de mi grupo se enfrentaron entre sí por desacuerdos en la contribución que cada uno hacía al proyecto. Intenté mantener el optimismo y esperaba que todo se arreglaría al final. Pero no fue así, al contrario, las cosas se complicaron mucho.

De repente tuve claro que la ley de la atracción no siempre funcionaba. Faltaban apenas unos meses para la graduación y mi grupo estaba completamente dividido, discutiendo constantemente sobre el papel y el esfuerzo de cada uno. La situación se nos había ido de las manos y se intercambiaban acusaciones duras; por desgracia, no había manera de arreglar el problema. Mi amigo Darryl y yo pensábamos que los demás estaban siendo muy injustos con nosotros, pero no podíamos hacer nada, solo trabajar diez veces más, con unos plazos de entrega inminentes aparentemente imposibles de cumplir, sobre todo teniendo en cuenta la carga de trabajo que teníamos. Estábamos convencidos de que íbamos a fracasar en las tareas asignadas y en los exámenes, por lo que no podríamos graduarnos. Era como si hubiéramos desperdiciado todo el tiempo que habíamos pasado en la universidad.

Fui a la universidad porque creía que debía hacerlo. Era lo que se suponía que tenías que hacer si querías un buen trabajo y una vida cómoda, algo que yo no había vivido durante mi infancia. Pero en el fondo no quería estar allí. No lo disfrutaba. Siempre supe que no terminaría en un trabajo tradicional. Lo estaba haciendo por mi madre más que nada. La había visto esforzarse toda su vida y quería demostrarle que no había sido en vano.

Ahora que estaba tan cerca de la meta, me lo iban a quitar todo. Solo pensaba en que iba a defraudar a mi madre y a mí mismo, y en que malgastaría todo el dinero en una licenciatura que no iba a conseguir. No había servido para nada. Me invadían los pensamientos negativos.

Le anuncié a mi madre que iba a dejar de estudiar, que no tenía ninguna razón para seguir. No me gustaba nada la universidad y lo que me estaba pasando era una injusticia. Como necesitaba un chivo expiatorio para mi rabia, le eché a mi madre la culpa de todo. Con buenas palabras trató de convencerme para que no tirara la toalla y lo hiciera lo mejor que pudiera, pero eso solo sirvió para que, dejándome arrastrar por la rabia, discutiera aún más con ella.

Estaba harto de problemas que no se acababan nunca y quería dejarlo todo atrás. No encontraba ninguna razón ni ningún propósito para vivir. Mi bajo estado de ánimo me trajo a la mente algunos de mis peores recuerdos, que solo añadieron más leña al fuego, convenciéndome de que mi vida no valía nada. ¿Qué sentido tenía soñar si nunca iba a poder hacer realidad mis sueños? Me convencí a mí mismo de que estaba viviendo una mentira y de que me había engañado creyéndome el cuento de que podía lograr grandes cosas.

En aquel momento me parecía evidente: esas grandes cosas no eran para mí. Así que busqué por Internet agencias de empleo y solicité varios trabajos que parecían bastante interesantes y bien remunerados, aunque no estaba cualificado para ellos. Pensé que si podía conseguir uno, no parecería un completo fracasado y al menos tendría algo de dinero para ayudar a mi familia con sus deudas, cuentas y gastos, como los de las bodas de mis hermanas. En mis cartas de presentación, les expliqué que, pese a que no estaba cualificado, sería el empleado perfecto. Nadie me respondió.

En el fondo, sabía que no podía dejar la universidad después de haber llegado tan lejos. Había gastado mucha energía tratando de encontrar una salida al problema, pero ahora era el momento de enfrentarme a lo que había que hacer y esperar lo mejor.

Pero antes tenía que asistir a la boda de mi hermana mayor. Esto añadía más presión aún: significaba que tendría que entregar la tarea antes que nadie y tomarme un descanso de la universidad solo dos meses antes de mis plazos finales, lo que me retrasaría aún más. Le insistí a mi familia en que me era imposible asistir a la boda, aun sabiendo que me arrepentiría siempre de haberme perdido un acontecimiento tan importante. Terminé yendo, aunque a regañadientes.

Y en cuanto llegué allí, sucedió algo inesperado. Me sentí tranquilo y relajado. La boda se celebró en Goa (India) y fue maravillosa. Todos resplandecían de felicidad y amor por mi hermana y su nuevo esposo. La verdad es que en aquel momento no me estaba esforzando por ser positivo. Me sentía cómodo estando deprimido y compadeciéndome de mí mismo, y quería que los demás también sintieran pena por mí. Pero ese nuevo ambiente provocó un cambio muy oportuno en mí. Por primera vez en mucho tiempo, me sentía agradecido.

Siempre recordaré la boda de mi hermana. Y lo mucho que me enseñó sobre cómo funciona el universo.

Cuando regresé, ese sentimiento positivo permanecía conmigo. Me sentía bien, y me tomaba con mucha calma el caos que había a mi alrededor. Y fue esa firmeza recién recuperada lo que me motivó a hacer lo que tenía que hacer.

Me creé una tabla de calificaciones que mostraba la nota final que iba a recibir cuando me entregaran el título. Cada día me quedaba contemplándola durante unos minutos y fingía que aquellas impresionantes notas eran auténticas. No creía del todo que fuera a lograrlo; era solo un deseo. Sin embargo, sí creía que lo iba a hacer bien.

Decidí ir a la biblioteca todos los días, y pasarme horas allí. Le dediqué a la tarea del grupo la enorme cantidad de trabajo extra que hacía falta para completarla, y algunas horas más. Durante los descansos charlaba con personas positivas que me hacían sentir bien conmigo mismo.

Una de ellas era la mujer de la que me enamoraría de por vida.

Cuando llegó el momento de los exámenes, entregar las tareas y hacer las presentaciones del último año, estaba seguro de que había hecho lo suficiente. Al final no saqué las notas que tenía en esa tabla de calificaciones que me había creado, pero aprobé cómodamente. Y, para mi sorpresa, superé uno de los exámenes más difíciles del curso.

Seguí teniendo éxitos similares con la ley de la atracción. Pero, en líneas generales, unas veces funcionaba y otras no. Sabía que faltaba algo. Cuando supe lo que era, empecé a tener éxito de manera más constante. Lo probé con otros para ver si también se beneficiaban de mi descubrimiento, y así fue. De hecho, muchos consiguieron hacer cosas que antes les parecían imposibles.

No todo lo que he querido se ha manifestado. Normalmente, por suerte. En muchas ocasiones he creído que quería y necesitaba algo, pero por motivos totalmente absurdos. Con el paso de los años he ido ganando claridad y he suspirado con alivio por no haber conseguido lo que creía que me correspondía. A menudo, no consigo lo que quiero y más tarde descubro que lo que he obtenido es todavía mejor.

La ley de la vibración

*El universo responde a tu vibración. Te
devolverá cualquier energía que le envíes.*

La ley de la vibración está por encima de la ley de la atracción.
Es el componente clave para una vida mejor. Cuando aprendas esta ley y apliques sus conceptos, tu vida se transformará.
Esto no quiere decir que vayas a evitar todas las dificultades. Sin
embargo, lo que sí harás, es tomar las riendas y crear una vida que
no solo parezca extraordinaria, sino que lo sea.

Uno de los primeros autores de la literatura de superación
personal es Napoleon Hill. Su libro de 1937 *Piense y hágase rico*[2] sigue siendo una de las obras más vendidas de todos los tiempos, y
muchos de los gurús empresariales del mundo elogian sus consejos
para lograr el éxito. Para escribir este libro Hill realizó un proceso
de investigación que incluía entrevistas con quinientos hombres y
mujeres de prestigio a quienes preguntaba cómo habían alcanzado
su éxito, y a continuación, compartía la sabiduría de sus entrevis-
tados. Una de sus conclusiones fue: «Somos lo que somos, por las

vibraciones del pensamiento que recogemos y registramos a través de los estímulos de nuestro entorno cotidiano». En su obra, Hill se refiere en muchas ocasiones al concepto de «vibración». También verás la palabra *vibración* (que hoy día suele abreviarse a veces como *vibra*) varias veces en este libro.

Sin embargo, muchas ediciones posteriores del libro de Hill eliminaron cualquier mención de la palabra *vibración*. Quizás los editores no creían que el mundo estuviera listo para ese concepto. Incluso hoy en día, las leyes metafísicas relacionadas con la vibración reciben críticas debido a la falta de evidencias científicas. A pesar de esto, ha habido una serie de intentos de explicar la ley de la vibración. El científico Bruce Lipton y el autor Gregg Braden están a la vanguardia de los escritores que aspiran a reducir la brecha entre la ciencia y la espiritualidad.[3] Sus ideas sobre la influencia de los pensamientos en nuestra vida apoyan el concepto sugerido por la ley de la vibración, aunque algunos crean que esto es solo pseudociencia moderna.

No obstante, yo por mi parte he descubierto que la ley de la vibración me afecta profundamente y me ayuda a darle sentido a la vida, y sé que muchos otros lo han descubierto también. He visto cambios milagrosos al usar la ley de la vibración, y tanto si crees en ella como si sigues siendo escéptico, a lo largo del libro verás que esta ley no puede perjudicarte. A veces, la experiencia personal es más valiosa que cualquier dato medible en números y gráficos.

Entonces, ¿qué es la ley de la vibración?

Para empezar, recuerda que todo está hecho de átomos, y cada átomo es una pequeña vibración. Por lo tanto, toda la materia y la energía es vibracional por naturaleza.

Si piensas en la escuela, recordarás que te enseñaron que los sólidos, los líquidos y los gases son diferentes estados de la materia. La frecuencia de las vibraciones a nivel molecular define en qué estado se encuentran y cómo se nos presentan.

La realidad tal como la percibimos ocurre a través de vibraciones compatibles. En otras palabras, para que podamos percibir la realidad, tenemos que ser compatibles con ella a nivel vibracional. El oído humano, por ejemplo, solo oye ondas sonoras de entre veinte y veinte mil vibraciones por segundo. Esto no significa que no existan otras ondas sonoras; solo que no podemos percibirlas. Cuando suena un silbato para perros, la frecuencia está por encima del rango de vibración del oído humano y por lo tanto para nosotros no existe.

En su libro *The Vibrational Universe* [El universo vibracional],[4] el autor espiritual Kenneth James Michael MacLean afirma que nuestros cinco sentidos, nuestros pensamientos, así como la materia y la energía, son vibracionales. Defiende que la realidad es la percepción definida por la interpretación vibratoria. Nuestro universo es claramente un mar profundo de frecuencias vibratorias, lo que significa que la realidad es un éter vibratorio que responde a los cambios de la vibración.

Si el universo responde a nuestros pensamientos, palabras, sentimientos y acciones —porque, según MacLean, todos estos elementos son vibracionales—, entonces la ley de la vibración da por hecho que podemos controlar nuestra realidad.

*Cambia la manera en que piensas, sientes, hablas
y actúas, y empezarás a cambiar tu mundo.*

Para traer una idea a la existencia, o mejor dicho, a tu percepción, debes igualar su frecuencia vibratoria. Cuanto más «real» o sólido sea algo para ti, más cerca estarás de él vibracionalmente. Es por eso por lo que cuando de verdad crees en algo y actúas como si ya fuera cierto, incrementas sus posibilidades de que aparezca en tu realidad física.

Para recibir o percibir la realidad que deseas tener, debes estar en armonía energética con ella. Esto significa que nuestros pensamientos, emociones, palabras y acciones deben estar en sintonía con lo que queremos.

Puedes hacerte una idea de esto tomando dos diapasones calibrados a la misma frecuencia. Si golpeas uno de ellos para que empiece a vibrar, la segunda horquilla también vibrará sin que la toques. La vibración del diapasón golpeado se transfiere al diapasón que no has tocado porque ambos están en sintonía con la misma frecuencia: se encuentran en armonía vibratoria. Si no están en armonía vibratoria, entonces la vibración del diapasón golpeado no pasará al otro.

Del mismo modo, para escuchar una determinada emisora de radio, hay que sintonizar el receptor a la frecuencia de esa emisora. Esta es la única forma en que puedes oírla. Si sintonizas una frecuencia diferente, escucharás una emisora completamente distinta.

Una vez que estás en resonancia vibratoria con algo, empiezas a atraerlo a tu realidad. La mejor manera de identificar la frecuencia con la que estás es a través de tus emociones: tus emociones son un verdadero reflejo de tu energía. A veces podemos creer que estamos en un estado mental positivo o realizando buenas acciones, pero en el fondo sabemos que no es así; solo estamos fingiendo. Si prestamos atención a nuestras emociones, podemos ver la verdadera naturaleza de nuestra vibración y por lo tanto lo que estamos atrayendo a nuestra vida. Si nos sentimos bien, tendremos buenos pensamientos, y como resultado realizaremos acciones positivas.

Solo buenas vibraciones

Las buenas vibraciones simplemente son
estados de vibración más elevados.

Los términos *bueno* y *positivo* se usan indistintamente para describir algo deseable. Por ejemplo, cada vez que calificas un acontecimiento pasado como una experiencia buena o positiva, te refieres a él de esta manera porque salió como esperabas, o al menos no tan mal como podría haber salido.

Básicamente, cuando quieres algo es porque te hace sentir bien. Siempre que tratamos de hacer realidad un deseo es para alcanzar un estado emocional placentero y evitar uno desagradable. La mayoría creemos que conseguir nuestros deseos nos hará felices.

Teniendo en cuenta que la emoción es una de las vibraciones más poderosas que puedes manejar, y, en esencia, lo que buscamos son emociones positivas, podemos llegar a la conclusión de que nuestra misión en la vida es experimentar buenas vibraciones. Piénsalo: cuando te sientes bien, tu vida también te parece buena. Si pudieras experimentar continuamente buenas vibraciones, verías siempre tu vida de forma positiva.

El médico Hans Jenny es conocido por acuñar el término *ci-mática*, que es el estudio del sonido y la vibración visibles. Uno de sus experimentos más conocidos muestra el efecto del sonido en la arena rociada sobre una placa metálica plana que se hace vibrar a diferentes frecuencias frotando un arco de violín contra su bor-de. Dependiendo de las diferentes frecuencias se forman varios patrones. En las vibraciones más altas, se forman patrones bella-mente intrincados; las vibraciones más bajas producen formas me-nos atractivas. Por lo tanto, una vibración más alta crea efectos más agradables.

Lo ideal es que en la vida nos sintamos todo lo alegres y llenos de amor que podamos. Estos son los sentimientos con una vibra-ción más elevada, y nos ayudarán a manifestar más de lo que que-remos, y, por consiguiente, mejores vibraciones. En contraste, los sentimientos de odio, ira y desesperación tienen una vibración muy baja. Atraerán más de lo que no queremos.

Para recibir buenas vibraciones debemos, según el principio de la ley de la vibración, proyectar buenas vibraciones. Como trans-misores y receptores de frecuencias vibratorias, las vibraciones que emitimos siempre están atrayendo lo que vibra a una frecuencia similar a la nuestra. Esto significa que los sentimientos que trans-mitimos al universo volverán a nosotros a través de las vibraciones correspondientes. Así que, si transmites sentimientos de alegría, recibirás más motivos por los que sentirte alegre. El error que so-lemos cometer es creer que nos sentiremos bien solo cuando ten-gamos lo que queremos. La verdad es que podemos sentirnos bien *ahora mismo.*

En última instancia, el amor propio y la elevación del nivel de tu vibración van de la mano. Cuando haces un esfuerzo por elevar tu vibración, te muestras a ti mismo el amor y el cuidado que me-reces. Al sentirte bien atraerás el bien. Al tomar acciones positivas y cambiar tu forma de pensar, manifiestas cosas más grandes. Al amarte a ti mismo, vivirás la vida que amas.

Los sentimientos que proyectamos
regresan a nosotros por medio de
experiencias equivalentes.

SEGUNDA PARTE

Hábitos de vida positivos

Introducción

Los estados más elevados de vibración te ayudarán
a sentirte bien, lo que significa que podrás
manifestar más cosas buenas en tu vida.

Tu objetivo es sentirte mejor vibrando a una frecuencia más elevada. Hay muchos hábitos de estilo de vida que te ayudarán a hacerlo y te acercarán a un estado más amoroso y alegre.

Puedes cambiar tu estado emocional a través de todo tipo de actividades que elevarán tu vibración, algunas de las cuales tendrán un efecto duradero mientras que otras te harán sentir bien solo en el momento.

Por ejemplo, si estás disgustado porque discutiste con un amigo, podrías cambiar tu estado emocional saliendo con otros a divertirte. Otras formas de elevar tu vibración son el contacto físico con un ser querido, la risa, escuchar música relajante, ser bondadoso, dormir profundamente, mover el cuerpo o cualquier otra actividad que disfrutes. Pero es posible que después tengas que enfrentarte de nuevo a tu malestar. Nada ha mejorado en tu mente; solo has evitado temporalmente el problema.

En cambio, la práctica de la meditación podría, con el tiempo, cambiar por completo la forma en que funciona tu cerebro. La meditación y el acto introspectivo de estudiar tus emociones de baja vibración te ayudarán a transformarlas en emociones de alta vibración. Por lo tanto, la meditación puede ayudarte a ver las consecuencias de la pelea con tu amigo de una manera más positiva. (Más adelante veremos en detalle la meditación).

Como todo es energía, podrías decir que cualquier cosa que hagas afectará de una manera u otra a tu vibración. Pero las nuevas acciones y el cambio positivo de actitud también son elementos del amor propio que te convertirán en la mejor persona —y la más feliz— que puedes ser.

Además, hay otras acciones que podemos realizar para sentirnos mejor que, al principio, quizá parezca que funcionan solo brevemente, pero cuando se llevan a cabo de manera constante durante un largo período de tiempo se convierten en hábitos que cosechan resultados duraderos.

Rodéate de gente positiva

Rodéate de gente que tenga una vibración más elevada que la tuya. Ten cerca a personas que se sientan mejor que tú. La energía es contagiosa.

Cuando no te sientas muy bien, trata de estar cerca de gente que lo esté. Están vibrando a una vibración superior a la tuya y es muy posible que puedas absorber parte de su energía. Del mismo modo en que los investigadores han descubierto que el alga verde *Chlamydomonas reinhardtii* extrae energía de otras plantas,[5] mi experiencia sugiere que hay muchas probabilidades de que los seres humanos hagan algo muy parecido.

¿Alguna vez has conocido a alguien y has sentido que había algo que te provocaba rechazo? No puedes explicarlo, pero percibes una mala vibración y, por lo general, más tarde se descubre que había una buena razón para esta sensación. La energía no miente.

Probablemente también hayas experimentado lo contrario. Hay ciertas personas que identificamos como llenas de energía positiva. Siempre parecen contagiar sus buenas vibraciones a los que las rodean. Muchas veces mi estado emocional ha cambiado solo por estar rodeado de gente alegre.

Las personas positivas también pueden inspirarnos a adoptar una postura de superación de nuestras dificultades. Al encontrarse en un estado positivo, es más probable que tengan una perspectiva optimista acerca de lo que estamos pasando. Tratarán de buscar lo positivo de la situación y nos ayudarán a cambiar nuestro enfoque y centrarlo en algo que eleve nuestra vibración.

Por lo tanto, proponte establecer relaciones profundas y duraderas con personas positivas. Al pasar más tiempo con quienes aportan valor a tu vida y elevan tu estado de ánimo, empezarás a adoptar sus patrones de pensamiento positivo y a reflejar en ellos estas vibraciones.

La ley de la vibración sugiere que atraemos a personas que vibran en nuestra misma frecuencia. Así que, si podemos empezar a experimentar emociones más positivas de manera habitual gracias a los demás, atraeremos a más personas positivas a nuestra vida, reforzando así las buenas vibraciones que nos rodean.

Cambia tu lenguaje corporal

E s difícil sonreír cuando las cosas van mal. Pero un estudio realizado en 2003 por Simone Schnall y David Laird demostró que fingir una sonrisa puede engañar al cerebro y hacerle creer que está contento, con lo cual liberará las hormonas del bienestar llamadas endorfinas.[6]

Esto puede parecer un poco absurdo al principio. Si sonreír sin razón te resulta excesivamente raro, busca una razón para hacerlo. Podrías pensar que tu sonrisa hará que otros se sientan mejor. Puede que te devuelvan la sonrisa, y eso te dará un buen motivo para seguir sonriendo.

De hecho, todo nuestro cuerpo y nuestra fisiología pueden influir en nuestros pensamientos y sentimientos. Al cambiar nuestro estado exterior, podemos cambiar nuestro estado interior. Quizá te sorprenda saber que la gran mayoría de los mensajes que transmitimos a otras personas son no verbales, como las expresiones faciales, los gestos o incluso la postura que adoptamos mientras hablamos. Por esta razón, es importante que tratemos de pensar en los mensajes que estamos transmitiendo con nuestro lenguaje corporal.

Si te dijera que me mostraras qué aspecto tiene alguien que está deprimido, probablemente sabrías exactamente cómo representarlo: te desplomarías, agachando la cabeza, y adoptarías una expresión sombría. Si te pidiera que me mostraras qué aspecto tendría alguien si estuviera enojado, también podrías mostrármelo con facilidad.

Ahora piensa en qué aspecto tendría una persona que es feliz y se siente a gusto en su piel. ¿Cómo sería su expresión facial? ¿Qué postura adoptaría? ¿Se movería de alguna forma determinada? ¿Qué haría con las manos? ¿Es probable que haga algún gesto? ¿Qué tono de voz tendría? ¿Hablaría rápida o lentamente?

Si puedes actuar como si te sintieras bien, tu estado interno cambiará y tu vibración se elevará.

Quizá te preocupe que esta sea una forma poco natural de elevar tu vibración. Pero la idea de que puedes «fingir algo hasta que lo consigas» ha sido demostrada en muchas ocasiones. Por ejemplo, Muhammad Ali decía: «Para ser un gran campeón, debes creer que eres el mejor. Si no lo eres, finge que lo eres». Un ejemplo de esto es la pelea de Ali con Sonny Liston. Antes de la pelea, Ali era un don nadie, pero decidió actuar como si fuera a darle una paliza a Liston –jactándose y vanagloriándose de ello con los fans– y, en el combate, eso fue lo que hizo.

La psicóloga social Amy Cuddy es conocida por su trabajo sobre cómo el lenguaje corporal influye no solo en cómo nos ven los demás, sino también en cómo nos vemos nosotros mismos. Un informe del que Cuddy es coautora afirma que simplemente adoptando una de las tres posturas relacionadas con el poder durante solo dos minutos al día, se puede crear un aumento del veinte por ciento en la hormona de la confianza, la testosterona, y una disminución del veinticinco por ciento en la hormona del estrés, el cortisol.[7] Según dicho informe, las llamadas «posturas de poder» son una forma rápida y fácil de sentirse más fuerte.

Algunas personas malinterpretan este concepto y fingen que poseen un valor o talento determinados para que los demás les presten atención y de esta forma puedan sentirse mejor consigo mismas. Pero si simplemente actúas de una determinada manera para mejorar tu confianza y sentirte mejor sobre tus objetivos en la vida, es una técnica útil. Gradualmente, esta confianza imaginada empezará a convertirse en verdadera confianza. Cuanto más te acerques a esta confianza sintonizando con su vibración, más real se volverá.

Desconéctate

No subestimes la importancia de dedicarle tiempo a relajarse. A veces, estamos tan absortos en nuestras vidas y en lo que sucede a nuestro alrededor que vivimos abrumados y tensos.

La solución sencilla es relajarse y tomar cierta distancia respecto a aquello que nos estresa. No tengas miedo de pasar tiempo a solas. He notado que a veces estar con gente puede agotarte. Si eres introvertido, esa sensación puede ser bastante habitual. Sientes que todo el mundo quiere un trocito de ti y eso es demasiado.

Puede parecer un poco cruel pensar así si vives con tu cónyuge, amigos o familiares. Sin embargo, no es que no te gusten, ni que estés harto de ellos. Es solo que necesitas un descanso: la oportunidad de respirar y recargarte. Únicamente necesitas estar solo durante un tiempo. Eso es perfectamente aceptable y no por eso los quieres menos.

Asimismo, es fácil sentirse sobreestimulado por los medios de comunicación y las redes sociales, y también te hace falta descansar algún tiempo de todo esto.

¿Cómo puedes saber si necesitas un descanso?

Mira, aquí tienes un ejemplo: si alguien trata de hacer algo bueno por ti, pero sientes que se esfuerza demasiado o que no respeta tu espacio, puede ser una señal de que estás cansado de estar con gente. Sí, quizá te sientas mal, porque sabes que lo hace con buena intención. Pero ahora mismo lo único que quieres es que te dejen tranquilo.

En el español mexicano hay una palabra, *engentado*, que describe este sentimiento. Se refiere a la sensación de querer alejarte de las personas tras pasar tiempo con ellas.

Aunque no deberías dejar que tu estado de ánimo controle tus modales, tampoco deberías sentirte mal por querer desconectarte por un tiempo. No solo es bueno para ti, sino también para los demás. Cuanto más tiempo permanezcas sin recargarte de energía, mayores serán las probabilidades de que afectes negativamente a la vibración de los demás.

Pasar algún tiempo en la naturaleza también tiene un efecto muy potente. Actualmente, es cada vez más difícil manejarse sin tecnología. Sin embargo, salir a la naturaleza te ayuda a regenerar y rejuvenecer todo tu ser. Según un estudio de investigación publicado en 1991, los entornos naturales tienen efectos revitalizadores, ya que producen estados emocionales positivos y fomentan el bienestar psicológico.[8]

Para estar en contacto con la naturaleza no hace falta complicarse la vida. Puedes salir a dar un paseo, trabajar en el jardín, sentarte bajo un árbol o mirar las estrellas. Si hace sol, absorber algunos rayos de luz podría ayudarte a aumentar la vitamina D y los niveles de serotonina, una de las «hormonas de la felicidad», que actúa como estabilizador natural del estado de ánimo.

A veces tienes que desconectarte
del mundo por un momento,
para poder restablecerte.

Motívate

La motivación me inspira y me mantiene optimista. Hoy en día, podemos motivarnos de muchas maneras. Los libros de autoayuda, las publicaciones o las novelas edificantes, como *El alquimista*, de Paulo Coelho, son geniales, igual que infinidad de productos digitales de autosuperación, como los *podcasts*. No subestimes el poder de una gran película. Personalmente, me parece excelente *En busca de la felicidad*, protagonizada por Will Smith.

Recuerdo un período determinado de mi vida durante el cual me sentía completamente perdido. Acababa de dejar un trabajo para dedicarme a mi propio negocio, vendiendo camisetas con mensajes motivacionales. Había invertido todo lo que tenía, y para mi consternación no se estaban vendiendo tan bien como me esperaba. Pensaba que se iban a agotar en unos días. Había leído un montón de libros sobre negocios, me pasé horas investigando en blogs de moda y creía que tenía todos los conocimientos necesarios para dirigir una empresa de éxito y aportar algo innovador al mundo de la moda. Sin embargo, la realidad me demostraba lo contrario.

Estaba empezando a perder la fe en mí mismo y en mis habilidades. Me cuestioné el rumbo de mi vida y, además, mi madre vio que tenía dificultades y me dijo que debía conseguirme otro trabajo ya que necesitaba ganar dinero para vivir y ayudar en casa. La presión era inmensa.

Cuando empiezas a dudar de tus habilidades, puedes hundirte rápidamente en la miseria. Comienzas a experimentar los estados vibratorios más bajos y esto te afecta.

Sabía que tenía que hacer algo. Escuché varios audiolibros de desarrollo personal, adquirí más libros de autoayuda, vi vídeos en línea y leí artículos, citas y entradas en blogs. También empecé a hablar con amigos emprendedores que había conocido a través de las redes sociales.

Conocí las dificultades de otros y cómo las superaron, incluso con todas las probabilidades en su contra. Empecé a sentirme alentado y creció mi confianza en mí mismo. Esos casos me demostraban que no había fracasado definitivamente. Cualquiera que haya logrado algo grande se ha enfrentado a grandes desafíos o fracasos. Pero estos solo son *definitivos* si te rindes.

He de admitir que mi negocio de camisetas no funcionó. Sin embargo, ocasionó cambios, y fueron cambios que me beneficiaron enormemente. Cuando hay motivación, tienes empuje y te sientes estimulado por lo que quieres conseguir y por lo que es posible en tu vida.

Mantente alejado de problemas y chismes

*Los dramas son para la televisión, no para la vida
real. No participes en la película de otra persona
en la que ella es la única protagonista.*

Todos hemos contado chismes alguna vez. A veces, ni siquiera
nos damos cuenta de lo que estamos haciendo. Lo peor es
que, de hecho, la mayoría de la gente disfruta contándolos;
no cree que esté siendo crítica y chismorrear le parece algo inofensivo. Le encanta la emoción de escuchar habladurías escabrosas sobre alguien y contárselas a otros para ver su reacción. ¡Y esto convierte a los chismes en una manera estupenda de bajar tu vibración!

A pesar de eso, nuestro ego se engancha a contar habladurías: lo hacemos para tratar de sentirnos bien con nosotros mismos; para sentirnos por encima de los demás. Las habladurías suelen ser críticas, y en su mayor parte esa crítica proviene del odio, que es un estado de baja vibración que solo te llevará a atraer experiencias desagradables a tu vida.

Como ya hemos visto, cada pensamiento y palabra tiene una vibración poderosa. Cuando hablamos de otros con negatividad, enviamos energía negativa al universo. Esto hace que se reduzca nuestra propia vibración y atrae a nuestra vida situaciones tóxicas que provocan sensaciones negativas. El ayurveda, el antiguo sistema médico indio, dice que las habladurías afectan a algunos de nuestros centros de energía, conocidos como chakras. Esto nos impide ascender a estados vibratorios más elevados.

Los medios de comunicación sacan partido de este gusto por las habladurías publicando los infortunios de otras personas. Afortunadamente para ellos, siempre hay gente que los cree. Por consiguiente, se ha vuelto socialmente aceptable hablar de otros. Sin embargo, todos tenemos claro que no nos gustaría que hablaran sobre *nosotros*.

De manera que evita participar en las conversaciones sobre los demás, o trata de dirigir la conversación hacia algo más positivo. Notarás que, en la mayoría de las ocasiones, las personas que pasan el tiempo chismorreando son las que más se quejan y parecen regodearse en las desgracias. Si adoptas sus hábitos, poco a poco tú también perderás la esperanza.

Del mismo modo, el hecho de verse envuelto sin necesidad en problemas puede aumentar tanto el estrés como la ansiedad. Esto provoca un bajón emocional que, como ya sabes, se refleja en tu vida de forma negativa. ¿Por qué vas a renunciar a tu alegría?

He aprendido a evitar a toda costa los problemas, porque no me aportan nada. Una vez me encontré con una persona muy conflictiva que quería discutir conmigo sobre una idea que yo había planteado. Lo curioso es que esa idea era que debíamos alejarnos de las peleas porque destruyen nuestra paz, pero él creía que no teníamos que hacerlo. Cuando le expliqué amablemente que respetaba su opinión y que debíamos dar por zanjado el tema, se enojó. Si hubiera pensado que le interesaba mi perspectiva, me habría gustado exponérsela y escuchar la suya. Sin embargo, solo quería discutir, demostrarme que estaba equivocado y pisotearme.

Tenía los oídos cerrados y la boca abierta: no estaba listo para aprender sino únicamente para imponerse. Nuestras creencias eran diferentes y se puso muy exaltado. Según él, yo estaba divulgando una información falsa y creando más sufrimiento en el mundo con mi punto de vista. A este enojo le siguió un ataque personal que me dirigió, sobre todo porque yo no quería participar en su pelea. Tan solo me quedé callado y observando, hasta que pude distanciarme.

No parecía que a esta persona le importara de verdad el bienestar de los demás, o que quisiera evitar el sufrimiento en el mundo. Su comportamiento agresivo contradecía sus puntos de vista. Simplemente necesitaba justificar por qué tenía razón y que su camino era el único camino aceptable. Mis creencias ponían en peligro su creencia de que siempre debíamos devolver los golpes que recibimos, y sin esa creencia, su identidad se veía amenazada.

Este es el trabajo del ego. Tu ego es tu propia imagen creada por el pensamiento. Es tu máscara social, una máscara que constantemente requiere aprobación porque vive con miedo a perder su sentido de identidad. Cuando te sientes mal porque no le gustas a alguien, es tu ego el que está actuando: validas tu existencia basándote en la aprobación de los demás. Cuando te desaprueban, ya no te sientes bien siendo quien eres.

Nuestro ego siempre quiere sentirse importante
y adorado. Busca la gratificación inmediata.
Quiere sentirse más poderoso que los demás.

Es la razón por la que compramos cosas que no necesitamos: para impresionar a gente que ni siquiera nos importa. Es la razón por la que nos amargamos por el éxito de otros. Es la razón por la que existe la codicia y por la que nos esforzamos constantemente por superar a los demás. Nos impide actuar con amor y comprensión.

Por desgracia, muchos nos identificamos durante toda nuestra vida con una cierta imagen que ha sido creada por nuestro ego, y tenemos que seguir manteniéndola y protegiéndola. Si otros no aprueban esa imagen que hemos creado, nuestra identidad se ve amenazada y el ego tendrá miedo y tratará de protegerla, como en este caso. Mis creencias obligaron a esa persona a cuestionar las suyas y, por lo tanto, a cuestionarse su identidad, lo que supuso una amenaza. Por eso se puso inmediatamente a la defensiva y me atacó.

Esto ocurre con mucha frecuencia en la vida a causa del ego. La gente no dice ni pregunta nada por curiosidad; simplemente quiere probar que los demás están equivocados. Quieren que todo el mundo comparta las mismas creencias que ellos, no necesariamente porque les importen los demás, sino porque temen estar equivocados y no saber quiénes son. Hay mucha gente tremendamente conflictiva en el mundo a la que estas situaciones tóxicas parecen fortalecerla.

Trato de mantener una mente abierta y escuchar las perspectivas de los demás. Sin embargo, también he aprendido a no perder el tiempo con quienes no tienen interés en escuchar mi opinión ni mis motivos para expresarla. Asegúrate de no participar involuntariamente en las batallas internas de otros.

Hablar sobre problemas y compartir información está bien siempre que la intención no surja del deseo de sentirte superior a base de menospreciar a los demás. Esto te proporciona una imagen falsa de ti mismo y, por consiguiente, disminuye tu vibración. Hay mejores maneras de pasar el tiempo que chismorreando o metiéndose en líos. En lugar de eso trata de concentrarte en tu propia vida y en intentar mejorarla. El tiempo es precioso y debes invertirlo sabiamente haciendo algo constructivo que engrandezca tu vida.

Cuida tu alimentación y mantente hidratado

Lo que consumes te consume; lo que
te consume controla tu vida.

Todo lo que comes y bebes es importante, ya que afecta a tu vibración y a tu realidad. Piénsalo: ¿cómo puedes sentirte bien si no ingieres buenos alimentos y líquidos?

Los alimentos que producen somnolencia y hacen que nos sintamos perezosos son los que vibran a una frecuencia más baja. Por lo tanto, cuando los comemos, nuestra vibración también cambia. Muchos de estos alimentos son comida basura y, desafortunadamente, los fabricantes han logrado que tengan muy buen sabor. Por esta razón, algunos tendemos a ser excesivamente indulgentes con los malos alimentos, y esto no solo afecta a nuestro estado de ánimo, sino que también nos engorda y nos vuelve más vulnerables a las enfermedades.

En 1949, un experto francés en electromagnetismo llamado André Simoneton publicó su investigación sobre las ondas electromagnéticas de determinados alimentos. Observó que cada alimento no solo tiene una cantidad particular de calorías (energía química), sino también una energía electromagnética que es vibracional.[9]

Simoneton descubrió que para que se los considere sanos, los seres humanos han de mantener una vibración de 6.500 angstroms (un angstrom es una unidad que mide la cienmillonésima parte de un centímetro, y se utiliza para expresar el tamaño de las longitudes de onda electromagnéticas).

Dividió los alimentos en cuatro categorías, según una escala de cero a diez mil angstroms.

La primera categoría la componen alimentos de alta vibración, como frutas frescas y verduras crudas, cereales integrales, aceitunas, almendras, avellanas, semillas de girasol, soja y coco.

La segunda categoría corresponde a alimentos con una vibración algo más baja, como verduras hervidas, leche, mantequilla, huevos, miel, pescado cocido, aceite de cacahuete, caña de azúcar y vino.

La tercera categoría consiste en alimentos con muy bajas vibraciones, entre ellos carnes cocidas, embutidos, café y té, chocolate, mermeladas, quesos procesados y pan blanco.

La cuarta y última categoría prácticamente no presentaba angstroms e incluía margarina, conservas, bebidas alcohólicas, azúcar blanca refinada y harina blanqueada.

La investigación de Simoneton nos da una idea de qué alimentos son buenos para nuestra vibración y cuáles debemos evitar.

Además, como regla general, los productos orgánicos de buena calidad, por su propia naturaleza, te harán sentirte más lleno de energía que los alimentos no orgánicos. Su precio puede ser elevado, pero merece la pena hacer un sacrificio por tu salud, porque esta se deteriora si consumes alimentos poco saludables.

También deberíamos tener en cuenta la importancia del agua. Se estima que entre el sesenta y el setenta por ciento de tu cuerpo está compuesto de agua, y es esencial para su funcionamiento:

lo mantiene hidratado y elimina las toxinas no deseadas, lo que lo mantiene en un estado vibratorio más elevado. Si el equilibrio de agua en tu cuerpo cae por debajo de la cantidad necesaria, tu organismo reaccionará negativamente. Puede que no seas capaz de concentrarte, que te marees e incluso que te quedes inconsciente.

La investigación de Simoneton demostró que las bebidas alcohólicas tienen una vibración muy baja, y su consumo habitual en cantidades excesivas puede ser muy dañino y llegar a causar la muerte por lesiones hepáticas. Un exceso de alcohol también crea una falsa percepción, que a veces ocasiona que te comportes como normalmente no te comportarías. Esto podía llevarte a tomar malas decisiones que te perjudicarían. El alcohol podría proporcionarte algunos momentos de placer, pero debes consumirlo con moderación.

Convierte el agua fresca y filtrada en tu bebida principal.

Sé agradecido

Antes de quejarte de la escuela, recuerda que
algunos ni siquiera pueden recibir una educación.

Antes de quejarte de tu peso, recuerda que
algunos ni siquiera tienen comida.

Antes de quejarte de tu trabajo, recuerda que
algunos ni siquiera tienen un sustento.

Antes de quejarte de la limpieza de la casa, recuerda
que algunos ni siquiera tienen un techo.

Antes de quejarte de lavar los platos, recuerda
que algunos ni siquiera tienen agua.

Antes de quejarte de todas estas cosas en los
medios sociales usando tu smartphone, sin darte
cuenta de la suerte que tienes, simplemente
tómate un minuto para sentirte agradecido.

Ser agradecido es uno de los hábitos más sencillos, y a la vez más poderosos, que puedes cultivar. Recordar diariamente todo lo que tienes hace que entrenes tu mente para que busque el lado bueno de todo lo que te rodea. Muy pronto, inconscientemente empezarás a ver el lado positivo de las cosas y te sentirás mejor respecto a tu vida.

No puedes sentirte *mal* mientras te sientes agradecido. Por muy simple que parezca ser agradecido, la mayoría se resiste a ello. Es mucho más fácil centrarse en las dificultades que en las ventajas; fijarte en lo que no tienes que prestar atención a todo lo que tienes.

Una vez, mientras estudiaba a algunos de los personajes que han alcanzado un mayor éxito en el mundo, leí una frase que se me quedó grabada: «La grandeza comienza por la gratitud». En ese momento no le di importancia, pero conforme pasaban los años empecé a entender su valor. Ahora sé que no se puede sentir alegría sin estar agradecido; estar agradecido es un componente vital de la felicidad.

Además, al expresar gratitud, no solo transformamos nuestro estado vibratorio para aumentar nuestro magnetismo para atraer lo bueno, sino que también somos capaces de poner las cosas en perspectiva. Pasamos cada día comparándonos constantemente con los demás, y la mayoría casi nunca reconocemos que poseemos lo que otros pueden desear. También tendemos a compararnos con quienes consideramos más afortunados que nosotros, en lugar de con quienes son menos afortunados. Piensa en la cantidad de gente que tiene que vivir día a día en medio de una guerra. Pero estamos completamente a salvo de tales problemas, y de muchos más de los que oímos hablar en las noticias.

Es fácil decir «gracias» sin sentirlo. La clave para mostrar gratitud es *sentirse* agradecido. Pondré a mi cliente Will como ejemplo para ilustrar cómo se puede alcanzar un verdadero estado de gratitud.

Después de que Will escribiera una lista con todos sus problemas, le pedí que me dijera unas cuantas cosas por las que estaba agradecido. ¡Me contestó que no se le ocurría nada!

Sabía que su coche era muy importante para él, así que le pregunté:

—¿Qué tal tu coche?

Respondió:

—Sí, estoy agradecido por mi coche, supongo.

Este nivel de gratitud es un buen comienzo, pero no llega a modificar nuestro estado.

Entonces le pregunté qué pasaría si no tuviera ese coche. Se sentó un momento y pensó en ello. A continuación, empezó a hacer una lista de consecuencias:

—No podría ir al trabajo, ni a hacer la compra, ni a ver a mis amigos... y tampoco podría recoger a mis hijos de la escuela.

Podía ver cómo cambiaba su estado en cuanto empezó a nombrar todo aquello y a imaginárselo. Luego fui un paso más allá y pregunté:

—¿Qué pasaría si no pudieras ir a recoger a tus hijos?

Me respondió:

—Bueno, tendrían que volver caminando a casa o tomar el autobús.

Presioné:

—Y, para ellos, ¿cómo sería ese regreso?

De repente, se los imaginó caminando de regreso en medio del frío. Will sabía que no estarían seguros; y se encontraba visiblemente perturbado.

Tras unos momentos, pensó en cuando era niño y en cómo lo acosaban en el autobús de regreso a casa. Entonces fue cuando se dio cuenta. Respiró profundamente. Pude ver su expresión de alivio mientras pensaba en su coche. Finalmente admitió lo agradecido que estaba no solo de tener un coche, sino también de cómo esto mejoraba la vida de sus seres queridos. Su estado se transformó completamente y observé el cambio en su lenguaje corporal.

Cuando practiques la gratitud, imagina lo diferente que sería tu vida sin eso en particular por lo que estás dando las gracias. Esto producirá sentimientos y emociones fuertes. Y así es como podrás entrar en un poderoso estado de gratitud.

Recuerda que en tu vida puede haber muchas cosas que vayan mal; pero también hay muchas que van bien.

Cuanto más agradezcas lo que tienes, más cosas tendrás por las que dar las gracias.

Te voy a contar una anécdota. En la época en la que trabajaba en una oficina, tenía un encargado con el que me llevaba mal, ambos nos entorpecíamos el trabajo el uno al otro. Sin embargo, como su puesto estaba por encima del mío, él siempre llevaba las de ganar.

Durante meses dejé que sus acciones afectaran a mi estado de ánimo y, por lo tanto, a mi forma de actuar. Reaccioné con resentimiento, lo critiqué, detestaba ir al trabajo y seguía lanzando todos esos pensamientos y sentimientos negativos al universo. Como resultado, las cosas empeoraron –¡y de qué manera!–.

Quería distanciarme de él, pero se sentaba a mi lado, así que no podía. Incluso cuando me las arreglaba para alejarme, encontraba la forma de provocarme. Yo, en aquel entonces, no tenía miedo a decir lo que sentía, por muy fuerte que sonara. No me costó nada decirle que carecía de cualidades de liderazgo, lo que obviamente no mejoró las cosas.

Tras ver en Internet algunos videos de la maestra espiritual Esther Hicks, comprendí que estaba utilizando mal mi energía. Era consciente de que el problema estaba ahí, pero en lugar de concentrarme en encontrar la solución no hacía más que alimentarlo. En cuanto empecé a centrarme en solucionarlo, la situación comenzó a mejorar.

Me esforcé conscientemente por expresar mi gratitud por tener un trabajo con un buen sueldo. Sabía lo difícil que era encontrar un trabajo, sobre todo con un salario tan generoso que me permitía disfrutar de muchas comodidades en la vida. Habitualmente me recordaba a mí mismo estas cosas para asegurarme de estar en un estado de apreciación: un estado de vibración elevada. Unos meses más tarde, ascendieron al encargado y se marchó a otro equipo. Yo también recibí un aumento de sueldo y, al mismo tiempo, me concedieron mucha más libertad en el trabajo. Este período fue uno de mis favoritos en esa empresa. ¡Simplemente porque había decidido sentirme bien, me dieron recompensas que me hicieron sentir aún mejor!

Casi todos dirigimos nuestra energía hacia nuestros miedos. Con esto no quiero decir que tus problemas no existan, sino que trates de enfocar tu energía en soluciones a esos problemas. El universo es abundante en todas las áreas; el espejismo del miedo es la única limitación que tenemos.

Estudia tus emociones

Ignorar las emociones negativas es como mantener el veneno en tu organismo. Aprende a entender todo lo que sientes. El objetivo no es obligarte a tener pensamientos positivos, sino transformar los negativos en algo más saludable, para que te sientas mejor.

Nuestros pensamientos dominantes influyen enormemente en nuestras emociones; son fundamentales en cómo nos sentimos. El problema con el que muchos nos enfrentamos al tratar de convertirnos en pensadores positivos es que ignoramos el proceso de transformación. Damos por hecho que es mejor eliminar los pensamientos negativos, entumecernos para ignorar nuestros sentimientos y pasar a ideas más positivas. Esto no suele dar resultado porque estás tratando de engañarte a ti mismo para pensar que las cosas están bien, cuando tus verdaderos sentimientos sugieren lo contrario. Los sentimientos reprimidos pueden volverse tóxicos dentro de ti y, con el tiempo, llegar a causar daño.

Si hay un pensamiento tóxico en lo hondo de tu mente, reaparecerá en el futuro cuando experimentes una situación similar. Esto no solo bajará tu vibración, sino que la continuidad de este patrón también puede dañar tu salud mental, lo que a su vez perjudicará a tu salud física. También puedes llegar a ser extremadamente tóxico para los demás, y esto hará que te den de lado y te sientas solo, lo cual aumentará aún más tu dolor.

De manera que no suprimas tus emociones negativas. En lugar de eso, transfórmalas y así elevarás tu vibración; no solo ahora, sino en todas las situaciones similares que te encuentres en el futuro. Comprender tus emociones es lo que te permitirá transformarlas continuamente, elevando sus vibraciones, cuando sean bajas, hasta convertirlas en vibraciones altas. Por eso la introspección es tan importante para el desarrollo personal.

Por ejemplo, una cliente mía llamada Sarah conoció a un chico que le gustaba y empezó a tratarlo. Al cabo de unos días de mandarse mensajes de texto y hablar por teléfono, él dejó de llamarla. Sarah se quedó pegada al teléfono, esperando que diera señales de vida, pero no lo hizo. A consecuencia de esto, un pensamiento comenzó a rondarle en la cabeza: «Nadie se interesa por mí ni me dedica tiempo porque soy fea». Este pensamiento la entristeció.

Tenía que convertir esas emociones negativas en positivas, así que seguimos mi método paso a paso para lograrlo.

Cómo transformar las emociones negativas

1. Identificar: para cambiar tu estado emocional, debes identificar qué emoción estás sintiendo. En el ejemplo, Sarah se sentía triste y asustada. Después de profundizar, identificamos que aparte de esto también se sentía rechazada e insegura.

2. Desafiar: el siguiente paso sería preguntarte a ti mismo: «¿Por qué me siento así? ¿Qué pensamientos están causando este sentimiento?».

Sarah se sentía triste porque no habían contestado a sus mensajes de texto. El pensamiento que volvió a repetirse una y otra vez en su cabeza era que nadie tenía tiempo para ella ni sentía interés por su persona porque era fea. Esto la hacía sentirse sola e insegura. En esta etapa, has comenzado a observar deliberadamente tus pensamientos. Muchas de las creencias que tenemos se basan en exageraciones, ideas equivocadas y opiniones que nos impusieron otras personas. Por lo tanto, podemos plantarles cara a estas ideas y juicios erróneos en nuestra mente. Utilizando el sentido común, podemos analizar nuestros procesos de pensamiento y cambiar esos patrones de pensamiento negativos por otros más positivos.

Comienza por poner en duda las creencias que hay detrás de tus pensamientos y cuestiónate su validez. Por ejemplo, Sarah se preguntó: «¿Es verdad que nadie tiene tiempo para mí porque soy fea?». Al reflexionar en profundidad sobre esto, comenzó a aprender mucho sobre por qué se sentía de la manera en que se sentía. En esta etapa, puedes hacerte preguntas que te obliguen a indagar más profundamente. También puedes hacerte preguntas extremas, porque de ellas surgirán respuestas igualmente extremas. En nuestro ejemplo, Sarah se preguntó a sí misma: «¿Eso quiere decir que nunca seré feliz?».

Sarah reflexionó sobre estas preguntas y vio que estaba exagerando la situación. Que un chico no le hubiera contestado a un mensaje no significaba que nunca fuera a ser feliz. Recordó que su alegría no dependía de cómo la trataran los demás.

Hacerte preguntas a ti mismo puede revelar las limitaciones de tu pensamiento, como le sucedió a Sarah. Comenzarás a darte cuenta de que has hecho suposiciones falsas y te has concentrado en los aspectos negativos de las situaciones de tu vida.

Inténtalo. Podrías recordar una experiencia pasada que te hizo infeliz y hacerte preguntas directas que te ayuden a llegar al meollo del asunto. Es importante darse cuenta de que somos nosotros quienes creamos nuestra propia tristeza añadiendo inconscientemente conclusiones negativas a esas experiencias pasadas. Aquí debemos cuestionar estas conclusiones, que han quedado grabadas en nuestro interior como lecciones. No corregir las lecciones negativas significa que se repetirán en tu mente subconsciente. Con el tiempo, estas lecciones repetidas pueden llegar a agobiarte y conducirte a una depresión.

3. Entender: este paso consiste en apreciar el significado más profundo que subyace tras la emoción. En nuestro ejemplo, Sarah se dio cuenta de que se sentía insegura por su reciente experiencia. Había empezado a preocuparse de no valer lo suficiente. Durante los días en que el chico que le gustaba respondió a sus mensajes de texto, se sentía mejor consigo misma. Era evidente que tenía una gran necesidad de aceptación y aprobación social.

Debes reconocer el significado más profundo que encierran tus sentimientos y utilizarlo como una oportunidad para crecer. Debido a su falta de autoestima Sarah determinaba su valor basándose en lo que los demás pensaban de ella. Necesitaba que otros la valoraran y la aceptaran para sentirse mejor consigo misma.

4. Reemplazar: hay que reemplazar estos pensamientos que te hacen perder tu poder por pensamientos que te empoderen. Debes preguntarte a ti mismo: «¿De qué otra manera puedo ver o hacer las cosas para sentirme mejor y vivir una vida más plena?».

Es fundamental transformar los pensamientos destructivos en pensamientos que te hagan sentir mejor inmediatamente. Sarah se recordó a sí misma que era digna de amor, independientemente de cómo se comportaran los demás con ella. Dijo: «Me quiero a mí misma y eso es suficiente. El amor que me doy a mí misma me lo devolverá alguien a quien realmente le importe».

Para darles más realismo a estos pensamientos fortalecedores, piensa en los momentos en que verdaderamente te sentiste como te querías sentir. Sarah recordó un momento en el que se sintió digna, segura y amada. Mantuvo esa escena en su mente y la recreó.

Esta técnica no solo aumenta la confianza, sino que además puede aportarte soluciones. Puede que recuerdes algo que hiciste en una situación similar en el pasado y que te ayudó a manejarla.

5. Visualizar: imagínate manejando la emoción que estás sintiendo ahora, en el futuro. Al hacerlo, no solo aumentará tu vibración, sino que comenzarás a relacionarte con esa emoción mirándola desde cierta distancia; más adelante, esto le permitirá a tu cerebro manejarla por ti sin hacer ningún esfuerzo.

Puedes hacer esta visualización una y otra vez, poniéndole cada vez más imaginación y haciendo la escena más real en tu mente.

Para llegar a dominar esta técnica es fundamental la repetición. Si ensayas repetidamente una situación en la que te enfrentas a esa emoción, la próxima vez que aparezca en tu vida sabrás exactamente cómo manejarla.

Aprecia el momento

*Cada segundo que pasas pensando en el siguiente
momento evitas abrazar el presente. Asegúrate
de no vivir dentro de tu cabeza la vida entera.*

Con los avances globales de la tecnología, nuestra sociedad
cada día vive más pendiente de los dispositivos personales
que del mundo que nos rodea. Estamos más conectados a
nuestros teléfonos que a nuestros semejantes, y más pendientes de
interactuar con ellos que de mantener verdaderas conversaciones.
Estamos tan ocupados mirando las pantallas y relacionándonos de
forma digital que nos olvidamos del entorno que nos rodea.

Da la impresión de que la gente prefiere vivir a través de una
cámara que usar sus ojos para disfrutar de lo que tiene delante. El
público de los conciertos se ilumina con el brillo de las pantallas de
los móviles. Esto no quiere decir que no debamos guardar recuerdos de estos momentos preciosos. Pero vivir a través de una pantalla nos impide estar totalmente presentes.

Cuanta menos atención prestamos al momento presente,
más ansiosos, asustados y estresados nos volvemos. Las preocupaciones nos abruman en nuestra vida diaria porque ahora estamos

condicionados a vivir fuera del aquí y ahora. Es más, ignoramos a quienes nos rodean y nuestras relaciones personales se resienten.

Esta es la razón por la que a menudo nos sentimos apesadumbrados, desconectados y perdidos. Nuestra vibración disminuye porque tenemos la impresión de estar viviendo en una situación imaginaria que no concuerda con nuestra verdadera realidad. Revivimos momentos del pasado, tememos el futuro y creamos obstáculos en nuestras mentes. Nuestra energía creativa se vuelca en ideas destructivas, y esto trae confusión a nuestras vidas.

Solo tienes el ahora. Una vez que el pasado ha transcurrido, deja de existir, por más que lo recrees mentalmente. El futuro ni siquiera ha ocurrido, pero también vives en él mentalmente. El mañana llega disfrazado de hoy y algunos ni siquiera nos damos cuenta. Nada es más valioso que el momento presente porque jamás se puede recuperar. Puedes crear un recuerdo visual al que volver una y otra vez, pero físicamente no podrás volver a vivirlo.

Piensa en un momento en el que te olvidaste por completo de mirar la hora o de revisar tu móvil. Tal vez estabas con la gente a la que quieres, o haciendo algo que disfrutas. Te encontrabas tan absorto en el momento que no tenías tiempo para preocuparte por el pasado o el futuro. Simplemente disfrutabas de donde estabas. Esto es lo que se conoce como vivir en el ahora.

Como veremos más adelante en este libro, la planificación para el futuro es fundamental para alcanzar tus objetivos, pero no deberíamos pasar mucho tiempo proyectándonos. Si lo piensas, el presente sigue siendo el futuro, disfrazado de ahora. Puede que hace diez años pensaras que el futuro era exactamente este momento que estás viviendo en tu vida. El futuro es hoy.

A los veinte años, si tenía pensado salir el sábado por la noche, quería que los días transcurrieran deprisa. Estaba deseando que transcurriera mi precioso tiempo, un tiempo que nunca recuperaría. Cuando llegaba el sábado, y luego pasaba, me centraba en otro

La tecnología es una herramienta,
no un sustituto de la vida.

día para el que había planeado algo emocionante... ¡y a veces ese día era semanas más tarde!

Esta es también la premisa de la vida. Después de nacer, cada veinticuatro horas nos acercamos un día más a nuestra muerte. El futuro que estamos constantemente esperando llega solo en forma de presente. Y una vez que llega, pasa tan deprisa que ni nos damos cuenta. Rápidamente ponemos nuestra atención en anticipar el siguiente momento, y luego el siguiente, y así sucesivamente.

Así es como vivimos la mayoría. Nos despertamos para afrontar el día y luego volvemos a dormir. Hacemos esto trescientas sesenta y cinco veces al año. Esperamos que algún día aparezcan el éxito, el amor, la felicidad, sin ser conscientes de lo que tenemos justo ahora. Llega un momento en que nos damos cuenta de que, en realidad, nunca hemos vivido. O finalmente tenemos las riquezas que queríamos, pero no podemos disfrutarlas porque siempre hay algo más que lograr.

Hacemos de la vida un futuro que solo existe en nuestra imaginación y nos perdemos por completo lo que está sucediendo frente a nosotros.

Podríamos decir lo mismo del pasado. Aunque tengamos buenos recuerdos a los que nos gusta acudir de vez en cuando, deberíamos aprender a aceptar que una vez que el pasado ha transcurrido, no se puede cambiar. Solo podemos reconstruirlo o alterarlo en nuestras mentes.

El ejercicio de meditación que te enseñaré a continuación puede ayudarte a conectarte con el presente. Al desarrollar la conciencia del momento presente, podemos mantener una vibración más elevada porque evitamos que el dolor del pasado o el miedo al futuro nos paralicen.

Medita

La popularidad de la meditación está aumentando, y su práctica recibe elogios de toda clase de fuentes: personas de muy diversos orígenes hablan sobre los beneficios de la práctica meditativa, desde los terapeutas ocupacionales hasta los principales medios de comunicación. Pero para los no iniciados, practicar la meditación puede parecer una labor desalentadora, lenta y difícil de comprender. Yo mismo la he evitado durante muchos años por esas mismas razones.

Como muchos otros, había pensado en empezar a meditar algún día, pero nunca llegué a hacerlo. Cuando finalmente comencé, me sentía incómodo y no estaba seguro de estar haciéndolo bien, ni de que funcionara. No lo hacía con regularidad y me costaba ver en qué podía beneficiarme. Sin embargo, al examinar la meditación con mayor profundidad, me di cuenta de que no la entendía tan bien como creía. La había complicado excesivamente.

Una vez que me comprometí a treinta días consecutivos de meditación focalizada, empecé a sentir la diferencia.

Tras un año de practicar durante quince minutos al día, noté cambios *increíbles* dentro de mí. Lo primero que tengo que destacar es que me enojaba mucho menos, algo que antes me preocupaba. Ahora, en situaciones idénticas a las que anteriormente me habían provocado una intensa respuesta emocional, ya no sentía rabia.

También noté una nueva capacidad para mantener la calma y la paz en medio del caos. Tenía un control más consciente de mis pensamientos. A consecuencia de esto, me sentía más alegre con mayor frecuencia.

No podía ignorar estos cambios.

La meditación relaja la resistencia que crea tu ego. Esto te da una sensación de calma y claridad y te hace más paciente. Cuando estoy meditando aprendo lecciones importantes de los pensamientos intuitivos que surgen durante la práctica meditativa, y este acceso a mi sabiduría interior se refleja en las respuestas a cualquier pregunta que me haya estado haciendo. Cuando necesito elevar mi vibración, sé que la meditación restaurará los buenos sentimientos.

Esto puede parecer extraño. Mucha gente piensa que el objetivo de la meditación es despejar la mente de pensamientos, pero esa es una idea equivocada: en realidad, la meditación es *concentración*. La meditación te ayuda a ser consciente del momento presente, y esa es una poderosa herramienta para usar en todos los ámbitos de tu vida.

Practicas la meditación estando plenamente presente en el momento por medio de tus sentidos, mientras observas tranquilamente tus pensamientos, emociones y sensaciones corporales: desde la distancia, sin juzgarte.

Me gustaría guiarte a través de una breve meditación de relajación que puedes hacer ahora mismo. Solo necesitas un bolígrafo, un papel y unos minutos de tranquilidad.

Medita ahora mismo: instrucciones paso a paso

1. Usa tu intuición para evaluar tu nivel de energía. ¿Cómo calificarías tu nivel de vibración de uno a diez, si uno significa *me siento abatido y no tengo ganas de hacer nada*, y diez es *me siento*

estupendamente, tranquilo y lleno de alegría? Escribe el primer número que se te ocurra –y no lo cuestiones–.

2. Ahora vamos a pasar a un estado de meditación. Encuentra un lugar donde puedas relajarte por completo, sentado o de pie; en esta etapa vas a mantener los ojos abiertos. Estés donde estés, toma conciencia de tu cuerpo.

   ¿Estás sentado? ¿De pie?

   ¿Cómo sientes tu columna vertebral?

   No cambies nada. Solo sé consciente de tu cuerpo físico.

3. Ahora toma conciencia de tu respiración. Limítate a observarla. Deja que el aire penetre profundamente en tus pulmones y luego espira. Ahora, mientras inspiras profundamente, imagínate que estás llenando tus pulmones con la mayor cantidad de aire posible, y a continuación, expulsas todo el aire viciado al espirar.

   Siente el movimiento de tu vientre hacia arriba y hacia abajo con cada respiración. Siente cómo tu pecho sube y baja al respirar.

4. Ahora mira a tu alrededor. Fíjate en los colores y las formas que ves, sin juzgarlos. Solo observa. Deja que tus ojos absorban todo lo que te rodea. Y luego cierra lentamente los ojos. Mira lo que llega a la pantalla de tu mente.

   Deja que los pensamientos pasen, sin hacer ningún esfuerzo. No hay nada bueno ni malo. Relaja los párpados mientras observas lo que aparece y desaparece dentro de tu mente. Y sigue fijándote en el patrón de tu respiración: dentro, fuera; expansión y contracción.

5. Escucha los sonidos que te rodean.

   ¿De dónde vienen? ¿Qué tonalidades tienen?

   ¿Hay algún sonido que destaque?

   ¿Puedes distinguir entre los sonidos de fondo y los que están en un primer plano? Y ahora puedes prestar atención al sonido de tu respiración. Al entrar y al salir.

6. Sé consciente de todo tu cuerpo. ¿Hay alguna tensión? No es necesario cambiar nada. Tan solo presta atención a las sensaciones que notas en tu cuerpo.

    ¿Hay algún sentimiento o emoción que surja en este momento? ¿Cuál? ¿En qué parte de tu cuerpo lo notas?

    Observa, siente y escucha. Ahora permanece durante un minuto sin moverte. Cuando estés listo, comienza a mover lentamente las manos y los pies.

    Y por último abre los ojos.

7. Hemos llegado al final del ejercicio, así que vamos a comprobar tu nivel de vibración energética. ¿Cómo calificarías tu nivel de vibración ahora? Anota la cifra. ¿Es más alta que antes? Si no, puedes volver a hacer el ejercicio. Con el tiempo esta breve práctica elevará tu vibración.

Si tienes dificultades para recordar los pasos anteriores, puedes grabarlos con el móvil para que tu voz te guíe. Habla despacio y con claridad, y haz pausas mientras lees las instrucciones.

La meditación no tiene nada de complicado. El maestro budista Yongey Mingyur Rinpoche afirma que para meditar solo necesitas ser consciente de tu respiración:[10] en cuanto eres consciente de respirar, estás meditando. Es así de sencillo, y por eso mismo puedes meditar en cualquier lugar, en cualquier momento.

> *Todo lo que se hace de manera consciente puede*
> *ser meditación, incluso fregar los platos.*

Pruébala durante quince minutos al día, durante treinta días consecutivos. Si eso te parece demasiado, comienza por cinco minutos y aumenta poco a poco la duración.

Respirar es una parte importantísima de nuestra vida. Es decir, que, si dejamos de respirar, nos morimos. Inspiramos y la vida comienza, y cuando termina, espiramos. Por eso se dice que con cada respiración se produce una transformación dentro de nosotros. Morimos y volvemos a nacer con cada aliento que tomamos.

A través de la respiración reforzamos nuestra fuerza vital, nuestra energía vital, a la que a menudo nos referimos como *mana*, prana, *chi* o *ki*, entre muchos otros nombres, dependiendo de la tradición espiritual. Con cada respiración, permitimos que la energía de la fuerza vital entre en cada célula de nuestro cuerpo para que pueda vibrar con nueva vida. A medida que nuestra respiración se vuelve más honda y controlada, nuestro sistema nervioso nos tranquiliza, con lo que se eleva nuestra vibración.

La meditación rompe los límites de nuestra mente condicionada y nos da la oportunidad de ser más auténticos. Cuando empieces a meditar más a menudo, ganarás una mayor perspectiva sobre los pensamientos limitantes que te rondan.

TERCERA PARTE

Tú eres lo más importante

Introducción

*Distanciarse o alejarse de quienes constantemente
hacen bajar tu vibración no es egoísta ni una señal de
debilidad. La vida consiste en alcanzar el equilibrio.
Consiste en repartir bondad, sí, pero también en no
dejar que nadie se aproveche de esa bondad.*

¿Crees que es egoísta pensar en ti antes que en los demás? Ponerte por delante de los demás *puede* ser egoísta en determinadas situaciones. Por ejemplo, si hay un pastel cortado en ocho trozos iguales para ocho personas, sería egoísta de tu parte que tomaras dos pedazos.

Sin embargo, a menudo es importante que primero te ocupes de ti mismo. Tienes mucha energía que puedes repartir, pero debes guardar parte de esa energía para ti. Viniste a este mundo solo y te irás de la misma manera. La relación más duradera que tendrás en la vida es la que tienes contigo. Solo cuando te lleves bien contigo podrás tener una buena relación con los demás.

Por desgracia, hemos de aceptar que por más que alguien tenga buenas intenciones, puede hacerte daño una y otra vez sin darse cuenta del efecto que sus acciones y palabras ejercen sobre ti.

Lo ideal es alcanzar un punto en el que el comportamiento de los demás no afecte a nuestro estado de ánimo. Sin embargo, esto, es decir, mostrar siempre amor incondicional sin importar cómo se porten los demás con uno, solo lo consiguen los seres más espiritualmente evolucionados. La mayoría tenemos un largo camino por recorrer para llegar a un estado mental lo suficientemente elevado como para amar a todos sin condiciones ni expectativas.

Si no somos individuos espiritualmente evolucionados, relacionarnos constantemente con personas tóxicas puede robarnos la energía, lo que con el tiempo nos dejará exhaustos.

Es mucho más fácil ver lo bueno de la vida cuando estás rodeado de gente positiva.

Tu crecimiento personal es un proceso continuo y puede que te lleve mucho tiempo llegar a un punto en el que ya no te afecte el comportamiento de los demás.

Por eso hay momentos en los que tenemos que prescindir de las personas que constantemente nos limitan, ya que son tóxicas y nos impiden avanzar. Al fin y al cabo, cuando alguien no hace más que envenenarte es difícil funcionar, y ya no hablemos de sonreír. Piensa en una planta: si las condiciones que la rodean son tóxicas, no podrá crecer y pronto comenzará a marchitarse. Sin embargo, en las condiciones adecuadas, crecerá y se desarrollará con todo su esplendor. Una vez que se vuelva grande y fuerte, será difícil destruirla.

La gente también puede ser tóxica. Una persona tóxica puede ser alguien que critica siempre todo lo que haces, te exige demasiado, te falta al respeto, no te apoya. E incluso puede llegar a ridiculizarte, rechazarte, abusar físicamente de ti, manipularte y menospreciarte. Son individuos que, por lo general, no están dispuestos a reconocer su actitud tóxica y cambiarla.

Por eso, si vives rodeado de este tipo de gente, terminarás perdiendo tu paz interior y seguramente les transmitirás a otros el dolor que esto te causa. Esto nos lleva a preguntarnos: «¿Es egoísta pensar primero en ti mismo en esta situación o es egoísta por parte de estas personas esperar que la aceptes sin más?».

Poner fin a una relación tóxica puede ser increíblemente difícil; es difícil separarte de quienes están en tu círculo íntimo, aunque te estén haciendo daño. Pero cuando te alejes de ellos, una corriente de positividad fluirá a través de tu vida. Recuperarás el tiempo y el espacio necesarios para mirar dentro de ti, sanar y crecer, y lo mismo que la planta, tú también te volverás fuerte.

Examina tu comportamiento

Queremos que los demás dejen de ser tóxicos, pero rara vez analizamos nuestras acciones. La relación más importante es la que tienes contigo mismo, así que no hay excusa para dejar de comportarte de manera tóxica. Por eso es fundamental que puedas identificar cualquier tendencia negativa que tengas y que perjudique a otros, o a ti mismo.

Cuando nos disgustamos o nos deprimimos, damos por hecho que el resto del mundo está bien. Les echamos la culpa de nuestro estado de ánimo a los demás, y así justificamos que hemos actuado con poca consideración, sin pensar que podrían estar atravesando un momento difícil. Nuestro comportamiento puede hacerles daño a otros, y eso significa que ya no somos los únicos que nos sentimos heridos, sino que ahora hay alguien más que también lo está.

Incluso quienes están convencidos de que predican con el ejemplo suelen olvidarse de examinar sus propias acciones, como lo demuestra algo que me sucedió hace un tiempo. Si has visto mi página de Instagram, sabrás que publico citas y consejos. Lo que tal vez no sepas es que muy a menudo otras páginas de redes sociales se apropian de mis palabras y las utilizan. Por muy halagador que sea ver que otros comparten mis palabras y reflexiones, no me hace gracia que eliminen mi marca de agua de las imágenes y no reconozcan mi autoría.

Lo que más me llama la atención es que hay una serie de páginas con muchísimos seguidores, precisamente dedicadas a promover el positivismo, que siguen negándose a corregir su error. Cuando me dirigí a los responsables de estas páginas, me dijeron que no querían eliminar esas publicaciones y volver a subirlas corrigiendo su autoría porque habían provocado muchas reacciones y, si lo hacían, perderían seguidores. Algunos de los responsables de estas páginas habían sacado partido de mis palabras, pero aun así no sentían la necesidad de concederme un reconocimiento por mis mensajes. Uno de ellos incluso me dijo que eso era algo que hacía todo el mundo y que debía superarlo. Una de las respuestas más interesantes fue: «Olvídalo, no es necesario que tu nombre aparezca. Si eres una persona positiva, no hace falta que vuelvas a ponerte en contacto conmigo nunca más». Esto me hizo ver que incluso quienes más predican y promueven la positividad y el amor no siempre siguen sus propios consejos.

La verdad es que cuando comprendí que no iban a hacer nada al respecto tuve que hacer un esfuerzo para superarlo. Lo que hice fue centrarme en trabajar de forma desinteresada. Al final logré superar mi decepción y recordarme a mí mismo que lo que más me importa es divulgar un mensaje positivo. Así he recuperado la paz.

No obstante, esta respuesta puso de manifiesto un hábito que es muy común en el mundo: el de echarles la culpa a los demás. Nos apresuramos a señalar los fallos de los demás para evitar asumir la responsabilidad de nuestras acciones.

Podríamos decir que no es responsabilidad nuestra que otros se sientan ofendidos por lo que hacemos. Al fin y al cabo, lo que en realidad les hace daño es cómo interpretan nuestros actos.

*Si yo creo que tengo razón, y alguien cree que
me equivoco, ¿quién está en lo cierto?*

Examina siempre tu comportamiento y haz un esfuerzo para cambiar cualquier conducta que sea tóxica —hacia ti mismo o hacia los demás—. Esto no solo te hace crecer, también es un acto de amor propio. Te estás mostrando a ti mismo que mereces algo mejor que comportamientos que limitan tu progreso.

Pero aunque creas que la reacción de alguien es exagerada, tienes que procurar entender por qué se siente así. Normalmente es porque has transgredido sus valores. Y si te dice que tu forma de actuar le ha hecho daño, tienes que creerlo; no te corresponde a ti decidir cómo debe sentirse.

Esto lo he aprendido con mi pareja. A veces me paso con mis bromas y la ofendo. Si en ese momento ella tiene el valor de admitir que es vulnerable, lo peor que puedo hacer es hacerla sentir mal por abrirse, poniéndome a la defensiva y echándole la culpa. No puedes decirle a alguien que lo que siente no tiene importancia. Primero tienes que tratar de ser comprensivo. Averigua por qué se siente así y luego piensa qué puedes hacer para mejorar la situación.

Esto es importante en todas las relaciones. Todos somos diferentes y todos merecemos que se respeten nuestros sentimientos. Reconocer y entender el dolor de alguien no solo te permite conocerlo, sino que también te ayuda a crecer. No se trata de que seas perfecto. Todos cometemos errores. Pero debes estar dispuesto a aprender, crecer y ser respetuoso.

La importancia de una buena pareja

Crea una relación en la que os habléis el uno al otro sobre vuestros problemas, no en la que habléis de vosotros en las redes sociales. Los problemas de las relaciones no se arreglan con actualizaciones de estado, sino con conversaciones sinceras.

A veces en las relaciones, un miembro de la pareja castiga al otro por sus propias inseguridades. Hace que el otro sienta que tiene defectos, solo para encubrir sus propias limitaciones y lograr un sentido de superioridad o autoridad. Estas relaciones suelen ser malsanas y tóxicas. Pueden hacer que el que está siendo castigado se cuestione a sí mismo y se sienta deprimido o vacío.

Por ejemplo, si crees que tienes una nariz excesivamente grande y luego notas la actitud cariñosa de tu pareja hacia alguien que te resulta atractivo, podrías fijarte en que su nariz es más pequeña y compararla. A medida que te concentras en la idea de que su nariz es mejor que la tuya, sientes en tu interior un torrente de emociones negativas como celos, dudas y odio. A consecuencia de esto disminuyen la autoestima, la confianza e incluso la energía.

Tu mente también puede sugerirte ideas que te atormentan, como que tu pareja lo encuentra atractivo por su nariz perfecta. Luego descargarás tu dolor en tu pareja, acusándola de coquetear, aunque sea completamente inocente. Proyectarás tu inseguridad sobre ella y le transmitirás que es mala, que no te quiere y te falta al respeto. Esto es manipulación emocional, que consiste en descargar tus emociones sobre el otro en vez de hacerte responsable de ellas.

Te asegurarás de que tu pareja también sienta tu dolor. Cuestionarás su integridad y su moral, y tratarás de convencerla de que no es buena. Le señalarás todos sus fallos. Esta es una actitud que solo conduce a enfrentamientos, que a su vez pueden poner de manifiesto todavía más inseguridades, y nos hacen soltar palabras hirientes y actuar de una manera que puede hacer muchísimo daño. Pero tienes que entender cuál es la razón de que estés obrando así. ¿Son tus inseguridades, o es que tu pareja ha estado haciéndote daño? El resultado final es doloroso.

También podría ser que, efectivamente, tu pareja esté coqueteando. En algunas relaciones esta conducta podría ser aceptable. Sin embargo, en la mayoría no lo es. Aunque no puedes obligar a nadie a respetarte, no tienes por qué aguantar una situación en la que no se te respeta.

Dicho esto, existen muchas relaciones sanas en las que hay mucha inseguridad. Pero para que funcionen debe haber un respeto y un apoyo mutuos. Los miembros de la pareja tienen que reconocer sus inseguridades, estar dispuestos a luchar codo con codo para superarlas y ser lo suficientemente respetuosos como para no lastimarse ni utilizar las inseguridades del otro para atacarlo. Todas las relaciones requieren un esfuerzo. Hace falta una comunicación constante y una gran comprensión, y pueden ser muy complicadas. Pero, aunque rendirse no sea siempre la solución, hay veces en las que hay que alejarse, especialmente cuando pierdes tu identidad.

A veces hay que escapar de la toxicidad para poder sanar.

Las relaciones malsanas nos sacan todo lo bueno que tenemos. Se lo entregamos a alguien que no está a la altura de nuestro esfuerzo y de nuestra voluntad de intentarlo. Vaciamos nuestro banco de amor para que el otro se sienta más rico, mientras nosotros nos arruinamos. Nos entregamos a alguien que no nos respeta lo suficiente para tratarnos tan bien como lo tratamos.

No es necesario ser un experto para darse cuenta de que las relaciones deben fortalecernos. No deberían hacerte sentir limitado o necesitado constantemente. Nunca deberías sentirte vacío en una relación, especialmente si es para hacer que el otro se sienta lleno.

A veces, nos enamoramos de la idea de lo que el otro podría llegar a ser, o de lo que es momentáneamente; lo que amamos es su potencial. De hecho, si reflexionas sobre tu pasado con una pareja, probablemente hubo un momento en el que creíste que era la mejor del mundo. Más tarde, puede que descubrieras que no era exactamente como esperabas que fuera.

Nadie es perfecto, por eso ninguna relación lo es. Pero es fácil caer en la trampa de aferrarse a la gente porque ves su luz y su potencial para ser una estupenda pareja; sin embargo, en el fondo sabes que te aferras a una falsa esperanza. Si estás con alguien que no está dispuesto a mejorar, es probable que estés perdiendo el tiempo.

No puedes cambiar a quien no está listo para cambiar.

También has de asegurarte de que no esté fingiendo que quiere mejorar. Podría usar esta estratagema para crearte falsas expectativas, y lograr que te quedes más tiempo a su lado. Por supuesto, es un acto egoísta y denota que quien obra así no está dispuesto a desarrollar todo su potencial.

Entiendo perfectamente lo doloroso que puede ser abandonar a una persona tóxica a la que amas; es mucho más fácil decirlo que hacerlo. Por eso muchos se quedan y aguantan la negatividad hasta que no pueden más. Tú vales la pena lo suficiente como para hacerlo, por más que duela al principio.

A veces, la gente se conforma con relaciones inadecuadas porque cree que no va a encontrar a nadie mejor, o que la tarea de buscar a otra pareja y empezar desde cero es demasiado pesada y difícil. Su intuición les dice que se merecen algo mejor, pero no son valientes para hacerle caso.

Aquí tienes un ejemplo que podría ayudarte a determinar si estás en una relación tóxica. Alguien me pidió una vez que le diera mi opinión sobre su relación. Estaba teniendo problemas con su pareja y no sabía si tenía que dejarla o no. No me gusta decirle a la gente lo que debe hacer en su relación porque no estoy ahí y no puedo ver la situación como en realidad es. Me la pueden describir y yo puedo hacerme suposiciones, pero la decisión les corresponde a ellos.

Así que le di la vuelta y le pregunté a esta persona qué le aconsejaría a su hija que hiciera si se encontrara en esa misma situación. Esto le hizo reflexionar. Tenía claro lo que pensaba que debía hacer, pero me necesitaba para justificarse o para que la convenciera de que no lo hiciera. Le daba miedo tomar esa decisión, y por eso la evitaba. Sin embargo, cuando le hice esa pregunta, se dio cuenta de que ya sabía la respuesta.

Como progenitor, tienes el instinto natural de proteger a tu hijo. Aunque no tengas hijos es probable que puedas imaginártelo. Te preocuparías tanto por ellos que no querrías que sufrieran ni que nadie los lastimara. El instinto de esta persona ya tenía la respuesta, incluso antes de pedirme que la aconsejara. Siempre le digo a la gente que confíe en su instinto, porque ese es el consejo que les susurra el alma.

*Sabrás que es tu instinto el que te habla cuando
tengas prácticamente la certeza de haber
llegado a la respuesta sin que haya habido un
proceso de razonamiento por medio.*

Para mí la intuición es cuando al pensar algo sientes una extraña sensación en el vientre. ¡Es uno de los mejores sistemas de orientación del mundo!

Tus pensamientos más dominantes no tienen por qué venir necesariamente de tu intuición, ya que podrían estar enraizados en el miedo o el deseo. La intuición es una sensación de calma y tiene un efecto tranquilizador, de desapego. A veces, sentirás como si algo dentro de ti, una sensación casi física, te estuviera instando a prestar atención.

Solo recuerda que una relación debe aportarle valor a tu vida y transmitirte buenas vibraciones, por lo menos la mayor parte del tiempo. En cambio, las relaciones tóxicas destrozarán tu salud psicológica e incluso tu bienestar físico.

No permanezcas en una relación solo por estar con alguien. Si es hora de decir adiós, sé valiente y hazlo. Puede que duela ahora, pero será la fuente de algo mucho mejor en el futuro.

Escoge bien tus amistades

Una noche recibí un correo electrónico de una adolescente que se consideraba deprimida y con baja autoestima. No estaba contenta con su vida. Era insegura y le costaba mucho tener una actitud positiva. Decirle que tratara de mantener una buena actitud no sirvió de nada; tan solo hizo que se sintiera peor.

Tras hablar con ella, resultó evidente que sus amigas le habían metido en la cabeza ideas muy negativas, diciéndole que era fea y estúpida, y que les daba vergüenza que las vieran con ella. No reconocían su valía, y eso afectaba también a la forma en que se veía a sí misma.

Si alguien no te respeta o te echa en cara tus defectos, hay una gran probabilidad de que empieces a adoptar sus opiniones sobre ti como si fueran tuyas. De hecho, muchos de los pensamientos que tenemos no se nos han ocurrido a nosotros. Es posible que durante la infancia nos dijeran que no servíamos para determinadas cosas. Crecemos creyendo lo que nos dicen y las percepciones de los demás se convierten en nuestra realidad.

Nuestra vida está marcada por comentarios sin valor y por el condicionamiento al que nos somete la sociedad.

A veces, la solución más sencilla es rodearnos de personas diferentes, especialmente cuando no puedes conseguir que las que hay a tu alrededor cambien. Cuando esta adolescente se alejó de sus amigas e hizo nuevas amistades, comenzó a sentirse más segura.

Simplifica tu círculo de amistades. Conserva a los que te aportan algo y aléjate de los que no lo hacen. Más vale tener pocos amigos buenos que muchos malos.

La concepción de la *amistad* ha cambiado debido a la evolución de las plataformas de redes sociales. Un amigo ya no es una persona que conoces bien. Las amistades virtuales han afectado a lo que la sociedad entiende por amistad. En la actualidad, llamamos amigo a cualquiera, incluso a alguien que conocimos una vez en una noche de fiesta.

¿Cuántas de estas personas son de verdad tus amigas? ¿Podrías acudir a ellas en un momento de necesidad? Desafortunadamente, hoy en día muchas amistades no se basan en el apoyo emocional ni en una conexión familiar, sino que consisten en beber, fumar, festejar, ir de compras o chismorrear juntos; y algunas de estas acciones disminuyen tu vibración.

Muchas de estas amistades podrían basarse en un beneficio mutuo a corto plazo. Por ejemplo, es posible que algunos amigos solo desempeñen un papel activo en tu vida cuando necesiten que alguien los acompañe a eventos públicos, como fiestas. Podrías considerar una amiga a la persona con la que vas al gimnasio, pero si alguna vez necesitas ayuda para mudarte, ¿estará dispuesta a echarte una mano? ¿Crees que se ofrecerá a ayudarte? Aunque estas amistades no tienen por qué ser malas, ya que te ayudan a cumplir un propósito, desaparecen inmediatamente en cuanto necesitas ayuda. Pueden fallarte en cualquier momento.

A veces, tenemos más amistades superficiales que amigos de verdad. Plantéate si tus amigos te apoyan. ¿Se alegran de tus logros?

¿Te animan a actuar de forma positiva? ¿Te ayudan a crecer como persona? Si no estás seguro, puede que tus amistades no te convengan tanto como crees.

Si sospechas que dentro de tu círculo de amistades hay envidias o rencor hacia ti, no te estás rodeando de las personas adecuadas. Los verdaderos amigos desean lo mejor para ti. Celebran tu éxito contigo. No se amargan cuando te superas; ¡te ayudan a mejorar y procuran hacerte la vida agradable!

Algunos amigos quieren que te vaya bien, pero no muy bien. Es importante que tampoco nos conformemos con estas amistades mediocres, ya que llenarán nuestras vidas de energía negativa.

Todos crecemos y maduramos a ritmos diferentes, pero algunos tardan mucho en crecer porque deciden permanecer estancados. A menudo conocerás a gente que vive atrapada en la misma rutina, haciendo las mismas cosas con los mismos compañeros y quejándose de los mismos problemas. Se trata de gente que se resiste con todas sus fuerzas a cambiar y no abandona su comodidad para buscar una vida mejor. Se han acostumbrado a estar insatisfechos.

Quizá tú seas como ellos, o quizá lo sean tus amigos. O bien puede que tengas más ambición y por fin hayas reunido el valor necesario para sacarle el jugo a la vida. Y, en cambio, tus amigos no lo entiendan, y el hecho de estar en ondas diferentes cause una separación entre vosotros. Por ejemplo, si deseas crecer a un nivel espiritual, es posible que te interesen unas ideas que no les interesen lo más mínimo a tus amigos; o que, incluso, les den miedo.

En realidad, todos tus amigos te enseñan algo valioso. Cada uno de ellos tiene un papel que desempeñar. Algunos tienen puestos temporales, otros son permanentes. No tiene nada de malo dejar atrás a alguna gente y seguir adelante. Siempre debes centrarte en tu propia vida, expandiéndola y creciendo como individuo. En este mundo solo puedes hacer grandes cosas por los demás si de verdad te sientes realizado y estás lleno de amor y alegría. Si las personas que te rodean eligen caminos diferentes o no están donde tú estás, no pasa nada. Si se supone que han de estar en tu vida, tarde o temprano estarán ahí; vuestros caminos volverán a cruzarse algún día.

Enfrentarse a la familia

No hay nada que no puedas dejar atrás: ropa,
aficiones, trabajos, amigos e incluso algunos
familiares. Nos desprendemos de todo lo que
no contribuye a nuestra alegría y bienestar.

El hecho de que alguien sea parte de tu familia no significa forzosamente que quiera lo mejor para ti. A muchos nos han enseñado que no hay nada más importante que la familia. Pero una relación biológica no siempre equivale a una relación cercana y de apoyo. Los amigos pueden ser más familia que la familia misma. No deberíamos ocultar el hecho de que a veces las personas más tóxicas que hay en nuestra vida son miembros de nuestra propia familia.

Poner fin a estas relaciones puede ser desgarrador porque, afrontémoslo, estas personas suelen ser las que más nos importan, aunque nos desprecien continuamente. Por ejemplo, romper la relación con tus padres es algo difícil de justificar, si han hecho mucho por ti a lo largo de tu vida.

A veces, no hay por qué hacerlo. Solo necesitas hablar con ellos y decirles cómo te sientes. Te sorprenderá ver cuánta gente no es consciente de que está hiriendo a los demás con su comportamiento.

*Cuando vean que te están haciendo daño, es muy
posible que cambien su forma de actuar.*

También podemos tratar de entender sus intenciones. La mayoría de nuestros seres queridos tienen buenas intenciones. Quieren vernos felices, que tengamos éxito y prosperemos. Pero quizá su perspectiva sea errónea o limitada, por eso nos parece que actúan con mala intención.

A un amigo se le ocurrió una idea apasionante para un negocio por Internet que quería lanzar, y buscó la aprobación de sus padres. Para su consternación, su reacción no fue la que él esperaba. Ridiculizaron su idea y trataron de convencerlo de que no lo hiciera; sencillamente no lograban entender cómo podía ser rentable. Por eso le sugirieron que dejara de soñar y se concentrara en estudiar y obtener las calificaciones que necesitaba para entrar en la universidad.

Mi amigo sentía que el escepticismo de sus padres le había hecho perder la fe en su brillante idea. Tampoco era la primera vez. Tenía la impresión de que siempre hundían sus aspiraciones, y por eso creía que le hacían daño. No tenía intención de alejarse de sus padres, porque los amaba y vivía con ellos. ¡Pero a veces sentía que no lo querían!

Lo que no entendía era que, aunque sus padres eran críticos, tampoco se los podía culpar por ello. Sus ideas sobre lo que era factible en la vida y sobre el éxito eran diferentes de las suyas. Tenían unas creencias, fruto de sus experiencias y de sus condicionamientos sociales, que hacían que vieran la vida de una manera diferente.

Para poder reconocer el amor a pesar de las críticas, hay que entender que todos —incluidos nosotros mismos— tenemos una perspectiva limitada y subjetiva. Estamos constantemente recibiendo información de diversas fuentes, y todo lo que aprendemos tiene un impacto en lo que creemos y en cómo pensamos; pero esto depende de qué información hemos recibido.

Si en tu familia no hay nadie que sepa lo que es alcanzar el éxito sin ir a la universidad y con un negocio por Internet, esa perspectiva será totalmente nueva para ellos y puede que la rechacen de plano. Lo que no logramos entender suele darnos miedo. Por eso has de hacer un esfuerzo para comprender el porqué de la actitud de tus seres queridos y de dónde viene su preocupación o su cinismo.

La mayoría de la gente lleva muchos años creyendo que hay que hacer las cosas como las hacen ellos. No puedes esperar que de pronto cambien de forma de pensar porque tú ves la vida de otra manera. Si crees que sus creencias les impiden avanzar, puedes ofrecerles otra perspectiva, pero no obligarlos a que la acepten.

Si quieres que te apoyen, tendrás que ganarte su confianza. Esta tarea depende de ti tanto como de ellos. Trata de abrirte; háblales y comunícales cómo te sientes. Cuenta con ellos: dales más detalles de tus planes o explícales tu punto de vista; asegúrales que tienes en cuenta lo que sucederá si fracasas. En la medida de lo posible debes quitarles el miedo, para que tengan más fe. Cuando la tengan, es más probable que te ofrezcan el apoyo que deseas.

Mi amigo les mostró a sus padres un plan detallado de lo que quería hacer, con ejemplos de otros que lo habían hecho e incluso con enseñanzas de personajes emblemáticos que su familia valoraba y cuyos puntos de vista compartía. Los ayudó a cambiar gradualmente su perspectiva.

Si te encuentras en una situación parecida, depende de ti demostrarles a los escépticos que estás haciendo todo lo que puedes para que el camino que has elegido merezca la pena.

Si no demuestras que te tomas en serio lo que quieres hacer, tampoco puedes esperar que otros te tomen en serio a ti.

No subestimes el poder de predicar con el ejemplo. Si la cerrazón de los que te rodean los hace tratarte con frialdad, muéstrales que podrían liberarse de esa negatividad. Sé abierto y haz todo lo posible por ser cálido con ellos. Muéstrales cómo hay que comportarse, incluso cuando te traten injustamente. Poco a poco, y con sutileza, tu fe y tu determinación podrían motivarlos a cambiar. ¡Se darían cuenta de lo mucho que vales y de lo gratificante que es ser como tú!

A veces, con solo cambiar nuestra perspectiva y centrarnos en los aspectos positivos que vemos en quienes nos cuestionan, podemos sentirnos mejor sobre nuestra relación con ellos. Esto es especialmente útil cuando vives bajo el mismo techo que quienes te desaniman. No soluciona por completo la situación, pero si aprecias lo bueno que hay en ellos y creas cierta distancia hasta que las cosas mejoren, puede ser un catalizador para que la relación sane.

Es fundamental tener presente que no se puede cambiar a los demás a menos que ellos quieran. Puedes ser una buena influencia y ayudarlos a cambiar, pero no puedes *hacer* que cambien. Y solo se decidirán a hacerlo cuando tengan un *incentivo*, como una vida mejor o una mejor relación contigo. Mientras no vean ningún problema en su manera de ser, no se sentirán motivados para cambiar.

En algunos casos, el comportamiento de un miembro de la familia puede ser extremadamente cruel y causar daño físico o emocional. No nacimos para sufrir a manos de otra persona —o por sus palabras— sea cual sea la relación que tengamos con ella. Y fingir que el comportamiento agresivo de alguien está bien es perjudicial en sí mismo. Si tienes que cortar con alguien porque te ataca constantemente, hazlo sin lamentarte.

Ayuda a los demás

Antes he hablado sobre la importancia de rodearte de personas que están mejor que tú, que vibran a una frecuencia superior, si quieres sentirte bien. A menudo esta es una gran solución, pero naturalmente puede suponer una desventaja para aquellos que tienen una vibración más elevada. Podrían encontrarse con que cuando están junto a alguien que no se siente bien, les resulta difícil mantener su propia estabilidad emocional. Pasar tiempo con alguien que está buscando una vibración superior puede hacer que la tuya baje.

Quizá te sientas así cuando un amigo te cuenta sus problemas y la tristeza se propaga repentinamente a través de tu cuerpo. Es contagioso. Aprendí esta lección en la universidad cuando un compañero de piso se sentía mal después de que su novia le rompiera el corazón terminando su relación con él. Una noche salíamos con unos amigos y él regresó pronto al piso, perturbado por la ruptura. Su ex estaba muy preocupada por los mensajes que le había enviado, en los que dejaba entrever tendencias suicidas, y nos lo contó para que fuéramos a verlo.

Cuando mis amigos y yo volvimos al piso, encontramos su puerta cerrada con llave y la música muy alta. Llamamos una y otra

113

vez a su puerta, pero no nos dejaba entrar. Empezó a entrarnos el pánico y llamamos al conserje, que tenía una copia de la llave de su habitación.

Entramos y nos lo encontramos acurrucado en la cama con la cara empapada de lágrimas. Examinamos sus muñecas y vimos las marcas de lo que parecían ser cortes autoinfligidos. En ese momento, nos dimos cuenta de que estaba tan deprimido que quería acabar con su vida. Afortunadamente, nuestra entrada interrumpió su desesperación y pudimos consolarlo.

Durante los días siguientes, hubo una vibración muy extraña en nuestro piso. Todo el mundo estaba conmocionado. El compañero de piso que intentó quitarse la vida no dijo mucho sobre el incidente, pero quería pasar tiempo conmigo. Me pasaba las tardes con él, ofreciéndole apoyo y tratando de aconsejarlo con delicadeza para que se sintiera mejor.

Pero al cabo de un tiempo, me di cuenta de que era como si hubiera dejado de ser yo mismo; había empezado a sentirme realmente deprimido. Me di cuenta de que por mucho que quisiera ayudarlo, también tenía que pensar en mí. Me sentía vacío, y de una taza vacía no sale nada.

Durante un tiempo guardé las distancias con él y solo lo trataba lo imprescindible. Por dentro me culpaba por no seguir a su lado; creía que tenía que ser un santo y aceptar la situación, sin más. Sin embargo, ya me sentía mal y sabía que a menos que volviera a estar bien, no podría ofrecerle el apoyo que necesitaba. Sería un hipócrita si tratara de consolarlo cuando yo mismo no levantaba cabeza.

Aparentemente le iban bien las cosas, y eso me dio un poco de tranquilidad. Con el tiempo, conseguí elevar mi vibración y ayudarlo mejor.

Esto fue hace muchos años y desde entonces las cosas han cambiado mucho. Por un lado, tengo una conciencia y una comprensión más profundas. Soy afortunado de estar en una posición

Antes de tratar de corregir la vibración de otro, asegúrate de no estar destruyendo la tuya para conseguirlo. Primero protege tu propia energía.

en la que miles de personas comparten sus problemas conmigo, pero gracias a lo que he aprendido, ahora puedo mantener mi vibración estable, incluso aunque la vibración del otro sea muy baja. Hay excepciones y todavía tengo cuidado de proteger mi energía de la gente que quiere agotarla o abusar de mi voluntad de ayudar.

Si, para empezar, mi estado emocional no es lo suficientemente elevado, sé que al tratar de ayudar a alguien que se siente deprimido, puedo sufrir un profundo impacto emocional.

Si estás escuchando a alguien despotricar sobre los problemas que tiene en su vida y no te sientes muy bien, podrías estar quedándote sin energía. Escuchar puede ser útil; sin embargo, aumentar la cantidad de desgraciados que hay en el mundo no beneficia a nadie.

Lo más razonable que puedes hacer en esta situación es vibrar lo más alto posible para cambiar tu estado. Así proteges tu vibración. Y, al hacerlo, desarrollas la fuerza necesaria para ayudar a otros.

Cómo lidiar con
personas negativas

No todo el mundo va a entenderte, aceptarte
o incluso tratar de comprenderte. Algunas
personas no recibirán bien tu energía. Acéptalo
y sigue avanzando en pos de tu alegría.

No hay prácticamente nadie en el mundo, por muy bueno o extraordinario que le parezca a la mayoría, que no tenga al menos una persona a quien le cae mal. La única forma de que no le cayeras mal a nadie sería que te quedaras en tu casa todo el día y no te viera nadie, ni nadie te hablara ni supiera de tu existencia. Desde el momento en que eres *alguien*, le caes mal a alguien.

De vez en cuando recibo comentarios negativos de la gente, incluso si he hecho una buena acción. Esto se debe, en parte, a que este tipo de abuso es muy frecuente por Internet en general, sobre todo porque la gente no tiene que revelar su identidad. Por Internet se sienten libres de dejar comentarios crueles —de decir cosas que no se les ocurriría decir en la vida real— sin tener que asumir ninguna responsabilidad por sus palabras.

Recuerdo la primera vez que se burlaron de mí. Tenía cinco años. Estaba en la escuela y en mi clase teníamos que describir a nuestros padres. Todos en la clase lo hicieron.

Cuando me tocó a mí, describí a mi mamá y no a mi papá. Esto dio pie a otros niños a hacer preguntas sobre lo que le había pasado a mi padre. No sabía qué decir y, afortunadamente, mi profesor intervino. La verdad es que no tenía ni idea de que los niños debían tener un padre y una madre. Estaba acostumbrado a tener solo a mi madre y no me lo había cuestionado.

En el recreo, algunos de los niños de mi clase empezaron a burlarse de mí. Decían cosas como: «Ni siquiera tiene padre», «Es probable que su papá esté muerto» o «Su mamá es su papá».

Me puse cada vez más alterado y reaccioné de forma violenta. Esto me ocasionó problemas serios, a pesar de explicarle a la maestra por qué había hecho lo que hice.

Si no hubiera ido a la escuela, no habría tenido esa experiencia. Por lo general es la falta de comprensión y compasión lo que crea odio hacia los demás, incluso cuando somos muy pequeños. Si alguien es diferente a nosotros, es más probable que lo etiquetemos como inadaptado y nos burlemos de él. Y cuanta más gente veamos, mayores posibilidades tendremos de recibir juicios y críticas. El motivo es que ahora nos encontramos ante un gran número de individuos, cada uno con sus propias ideas acerca de lo que es *normal*.

Piensa en los famosos. Son solo seres humanos, pero al llegar a tanta gente, reciben muchísimas críticas. Hablamos de la bondad hacia los demás, pero excluimos a los famosos como si no fueran humanos. Desgraciadamente, cada uno tiene su evangelio pero no practica lo que predica. Los mismos que leen y recitan palabras sagradas tienen comportamientos que las contradicen. Son los mismos que creen que están en el camino correcto, pero juzgan a otros por no seguir la misma senda que ellos.

Acuérdate de que es imposible evitar la negatividad de los demás. Al estar constantemente expuestos al resto del mundo, y relacionarnos con él, es inevitable que choquemos contra algunas personas que tienen una baja vibración y actúan de forma desagradable con nosotros.

Tratar de mantenerte alejado de ellas puede convertirse en una tarea titánica cuando es muy poco lo que puedes hacer para evitarlas.

Aquí te ofrezco recordatorios importantes que te ayudarán a mantener la calma cuando otros hablen mal de ti. Comenzarás a darte cuenta de que la mejor defensa es el silencio y la alegría.

> *Nadie puede hacerme daño sin mi permiso.*
> Mahatma Gandhi

Mal de muchos, consuelo de tontos

Por desgracia, normalmente quienes vibran a baja frecuencia quieren arrastrar a los demás a su nivel. A veces, como les cuesta aceptar todo lo que vales, intentan airear tus fallos. Seguramente les molesta que otros te muestren afecto o te presten atención, y su resentimiento aumentará cuando vean que, pese a sus esfuerzos por conseguir que te miren mal, te siguen queriendo.

Internet está lleno de personas que disfrutan viendo cómo se ridiculiza a otros y se abusa de ellos cuando están hundidos. Aceptan rápidamente los rumores negativos y les encanta celebrar los fracasos. Quienes han cometido errores o están pasando por momentos difíciles se convierten rápidamente en la comidilla, porque la gente es adicta a las desgracias ajenas.

Hay gente que no quiere que progreses

En cuanto tu voz comience a sonar, alguien intentará silenciarla. Cuando brilles, alguien tratará de apagar tu luz. Es muy sencillo: si no destacaras, nadie tendría motivos para odiarte.

A menudo, quienes no te pueden ver se sienten amenazados, envidiosos o heridos por la confianza que muestras en ti mismo y tus esfuerzos por sacar lo mejor de ti. Quizá crean que tu éxito limitará el suyo o teman que vayas a quitarles su lugar. Puede que no les guste la idea de que esa confianza que tienes te haga alcanzar renombre cuando lo que más desean ellos es que los elogien. Puede que les ofenda tu mentalidad libre si la suya está limitada por una mente condicionada que siente impotencia para cambiar nada.

Quieren debilitar tu voluntad y tu empuje para que no eclipses su ego. Creen que menospreciándote no se sentirán tan poca cosa. Hay gente así y te la encontrarás en tu senda hacia una vida mejor. No puedes pretender que no existen, pero tampoco tienes que reaccionar. Una reacción es exactamente lo que quieren para pisotearte y proteger su ego.

Quienes se sienten heridos hieren a los demás

La manera en que la gente actúa con los demás refleja lo que sucede en su interior. Cuando alguien intenta hacerte sentir inepto, es porque él mismo se siente así. Entender esto te ayudará a manejar más eficazmente este tipo de situaciones.

Por ejemplo, la tristeza hace que la gente actúe cruelmente y con frialdad; el dolor y el sufrimiento interno bajan nuestra vibración. Esto causa una reacción en cadena de dolor, ya que, muy a menudo, una persona está amargada porque alguien que estaba amargado la ha tratado mal. Quienes reciben este maltrato hieren a su vez a otros, y así sucesivamente.

Pero tratar de curar el dolor infligiéndoselo a otros no funciona. El gurú y maestro espiritual indio Osho comparó esto con golpear una pared. Su idea era que atacar a otros para aliviar tu dolor es como si estás enojado y descargas toda tu rabia contra una pared, tratando de hacerle daño. Esta no tiene la culpa, pero el golpe no le supone un problema a la pared sino al que se lo da. Al final terminarás haciéndote más daño, y no será la pared la que te lo cause, sino tú solo.

Detestar lo diferente

La gente tiende a sentirse atraída por quienes de alguna manera se les parecen. Esto se demuestra por medio de una técnica de

programación neurolingüística (PNL) llamada reflejo* que muestra que imitar los comportamientos de un individuo le influye para
que le gustes.

Por lo tanto, si por lo general eres una persona que habla alto,
eres efusivo y estás lleno de vida, y te encuentras con alguien similar, probablemente pensarás que es estupendo. Y si sus patrones de
habla, lenguaje corporal y tono son similares a los tuyos, podrías
pensar: «¿Sabes?, esta persona tiene algo que realmente me gusta».
Y la razón es que es como tú.

También podemos asumir que lo contrario es cierto: tendemos a no sentir afinidad con quienes son diferentes de nosotros. Y
alguien que sea diferente de ti podría pensar que pareces un poco
raro o «peculiar». En última instancia, no te entenderá, ni querrá
entenderte, porque tu energía no coincide con la suya.

Uno recibe lo que da

Probablemente hayas escuchado la palabra *karma*. Mucha gente se siente incómoda con este término porque es un concepto
teológico (que se encuentra en varias religiones, entre ellas el bu-
dismo y el hinduismo) que implica la existencia de la reencarnación. Según esta creencia tus acciones tendrán ramificaciones en tu
próximo ciclo de vida; cuantas más buenas obras hagas en esta vida,
mejor será la que vivas en tu próxima reencarnación.

Creamos o no en la reencarnación, la mayoría aceptamos la
noción de que uno cosecha lo que siembra. En la ciencia, podríamos darle el nombre «causa y efecto», o relacionarlo con la tercera
ley de Newton: «A cada acción le corresponde una reacción igual y
opuesta». Y si examinas los textos religiosos, en la mayoría de ellos
encontrarás una referencia relacionada con la noción de que recibimos lo que damos.

---

* N. del T.: *Mirroring.*

Pero cuando alguien nos trata injustamente, rara vez nos quedamos tranquilos pensando que el karma se encargará de hacerle pagar y seguimos adelante con nuestras vidas. Al contrario, quedamos atrapados en nuestras emociones y nuestra mente racional permanece en segundo plano.

Por ejemplo, si alguien anda por ahí diciendo que eres agresivo cuando es evidente que no lo eres, podrías sentirte ofendido. Si insiste en esta actitud, puede que sientas que la ira se está acumulando dentro de ti. Es posible que un día te canses de las acusaciones y reacciones de forma agresiva. Aunque el rumor no es cierto, tus acciones han hecho que parezca que lo es.

Anteriormente vimos que las acciones impulsadas por un estado de baja vibración, como la ira, solo nos hacen más daño, y eso incluye el mal karma que crean estas acciones. De manera que no permitas que la crueldad de los demás decida tu futuro.

La gente que se encuentra sola y aburrida necesita que le presten atención

Cuando tu vida es insulsa, tiendes a centrarte en otras personas. Buscas la emoción y la atención atacando a otros y provocando reacciones. Por eso los memes son tan populares en Internet. La gente quiere que los demás se rían de sus burlas a otra gente. Lo hacen para recibir *likes* y comentarios y para que otros compartan sus publicaciones; es decir, para obtener una gratificación instantánea. Esto los hará sentirse bien durante un breve espacio de tiempo y se sentirán como si estuvieran haciendo algo que merece la pena. Esto me lleva a la última idea...

Lo que la gente dice de ti dice más de ellos que de ti

Cuando otros te juzgan, se retratan. Revelan sus inseguridades, necesidades, mentalidad, actitud, historia y limitaciones. Y describen una imagen clara de su futuro: si están perdiendo su precioso tiempo juzgando a otros, no llegarán muy lejos ni serán felices.

Tratar de complacer a todo el mundo

Si sigues tratando de satisfacer a los demás, nunca lo conseguirás. Al final, no los contentarás a ellos ni te contentarás a ti mismo.

Con suerte, ahora verás con claridad que hacemos muchas cosas para que nos acepten, pero si queremos prosperar y mantener la serenidad, hemos de ser un poco egoístas. Nunca seremos capaces de satisfacer por completo a todo el mundo, y es exactamente por eso por lo que ni siquiera deberíamos intentarlo. ¡Abandona el hábito de agradar a la gente y empieza a complacerte a ti!

Como me gusta ayudar a los demás a solucionar sus problemas, me ha costado dejar de intentar hacer feliz a todo el mundo. Antes recibía cientos de correos a la semana de personas que me contaban sus problemas y me pedían ayuda. Como es natural, quería ayudarlas.

Algunos me escriben correos electrónicos muy largos, de más de dos mil palabras. No me gustan las cosas a medias, por eso procuraba darles una respuesta exhaustiva. Leer y contestar correos electrónico tan largos me llevaba muchísimo tiempo.

Responder a todo el mundo era prácticamente imposible y algunos se molestaban porque pensaban que los estaba ignorando. Eso me hacía sentir fatal y empecé a castigarme por ello. Aunque tenía otras tareas más urgentes que realizar, le dedicaba una cantidad exagerada de tiempo a responder los correos.

Me sentía abrumado. Me di cuenta de que no podía complacer a todos, así que no debía intentarlo, ni debía ser tan duro conmigo mismo. Era importante priorizar mis necesidades y esto es exactamente lo que hice. Es algo de lo que nunca me he arrepentido.

Estoy seguro de que de alguna manera te puedes identificar con mi experiencia de haberte criado en una comunidad muy crítica. Cuando era niño, me hicieron creer que había ciertas opciones profesionales que encajarían bien dentro de esa comunidad. Si me hacía médico, me considerarían inteligente, rico y altruista.

Sin embargo, incluso si me hacía médico, mi comunidad me juzgaría. Por ejemplo, si a los treinta años aún permanecía soltero porque estaba siempre trabajando, eso querría decir que algo fallaba conmigo. Si no tenía mi propia casa, significaría que tenía dificultades económicas. Si me hacía médico y lo tenía todo menos un hijo, supondrían que tenía problemas de fertilidad. Así es como funcionan estas comunidades. Siempre hay alguien que verá un defecto en ti.

A veces, se me acusa de ser arrogante o terco por no tener muy en cuenta las opiniones de los demás. Es la moral crítica imperante lo que lleva a la gente a esta conclusión.

Las opiniones constructivas pueden ser muy beneficiosas para nuestro crecimiento, pero las destructivas que nos desmoralizan no tienen un propósito positivo. El abuso y la crítica disfrazados de *feedback* no merecen que les prestes atención.

Deja que tus buenas vibraciones te protejan

Algunas personas negativas son alérgicas a la positividad. Sé tan positivo que no puedan soportar estar cerca de ti.

Cuando me comprometí a vivir la vida de una forma más optimista, dejé mis hábitos malsanos y empecé a aceptar la positividad tan a menudo como podía. Entonces me di cuenta de que esto no les gustaba a algunas de las personas con las que me juntaba. Preferían mi antiguo comportamiento, querían que me quejara y que fuera agresivo y crítico.

Era como si mi actitud fuera excesivamente positiva para ellos. Algunos me calificaron de falso. Podía entender por qué: había pasado de ser alguien que se quejaba mucho a alguien que hacía un esfuerzo consciente por ver lo bueno de las cosas. Me había pasado a una frecuencia emocional diferente a la suya. Cuanto más lejos estás emocionalmente de otra persona, menos auténtico les pareces. Esto se basa en la ley de la vibración. Esta distancia puede hacer que ambos individuos se sientan incómodos el uno con el otro porque sencillamente no vibran al unísono. A veces esto te indica claramente de quién necesitas mantenerte alejado.

Lo que se desprendía de mi nuevo comportamiento positivo era que estaba alejando a ciertas personas. Comencé a reaccionar con amabilidad ante quienes eran groseros conmigo. Sin dejarme arrastrar al enfrentamiento que querían provocar. Esto los repelía porque no sabían cómo reaccionar ante mi respuesta a su grosería. Era estupendo, porque estaban en una frecuencia mucho más baja que yo, pero no tenían ningún interés en elevarla; se encontraban demasiado cómodos con su cinismo. Nuestras energías eran incompatibles y se apartaron del terreno en el que yo me movía. No necesité distanciarme de ellos porque ellos lo hicieron por mí.

Atrévete a dejar un trabajo tóxico

Lo creas o no, tu propósito en la vida no es aguantar hasta el fin de tus días en un trabajo que no te gusta.

S i supieras que en un callejón se producen asesinatos, lo evitarías. Independientemente de cómo te sintieras, sabrías que al atravesarlo, te arriesgarías a que te ocurriera algo terrible.

No hace falta ponerse tan trágicos; si te invitan a una celebración de cumpleaños en la que conoces a alguien que suele atacarte verbalmente, podrías elegir evitarla y proteger tu paz interior. Sabes que tu asistencia solo te traerá problemas.

Pero hay escenarios tóxicos similares que son mucho más difíciles de evitar. Uno de los más comunes es el lugar de trabajo. Tal vez allí haya gente que te amargue la vida, pero no puedes quedarte en casa.

Esto me sucedió con un nuevo gerente en el trabajo de oficina que mencioné antes. Ahora, cuando echo la vista atrás y recuerdo esa experiencia, no lo culpo del todo por sus acciones. Tenía su propia vida y la presión de sus jefes. Y yo no era el mejor empleado porque no me gustaba el trabajo que estaba haciendo, así que no me implicaba en él.

Aunque estaba agradecido por tener un trabajo decente, todas las señales indicaban que tenía que irme y dedicarme a lo que me apasionaba. Sabía que lo que quería era difundir la positividad en el mundo y ayudar a la gente a mejorar sus vidas. Así que un día di un paso enorme y osado: dejé mi trabajo y me adentré en lo desconocido. Era un riesgo tremendo. Cuando me salí de la empresa contaba con muy poca seguridad económica, ya que no tenía mucho dinero ahorrado. Algunos dirían que fui audaz y valiente; otros lo atribuirían a la ingenuidad. Pero después de irme, me despertaba cada día con un torrente de gratitud. A pesar de que tenía algunas cargas financieras, la sensación de paz que había encontrado no tenía precio. Pronto pude comenzar a dedicarme a lo que me apasionaba y creé un blog de estilo de vida en el que compartía artículos de desarrollo personal.

Nunca me he arrepentido de mi decisión y estoy agradecido a todas las dificultades a las que me enfrenté antes de volver a empezar. Por ejemplo, las heridas que me causaron unos trabajos que no eran adecuados para mí me proporcionaron una sabiduría y una resolución que me ayudaron a crear una vida mejor para mí y para los demás. De todas formas, es muy habitual que nos quedemos atrapados en trabajos que suponen un riesgo para nosotros. Trabajos que nos empujan a estados mentales poco saludables y afectan enormemente a nuestro bienestar.

Dejar un trabajo insatisfactorio no es tarea fácil, y la mayoría de las veces las obligaciones financieras nos impiden decir «ya basta» y actuar en consecuencia. Todos anhelamos seguridad y comodidad, y la incertidumbre puede ser aterradora. Sin embargo, tampoco tienes la garantía de que el trabajo sea seguro; careces de control sobre tu salario, aumentos de sueldo, ascensos o cualquier otro aspecto laboral, tampoco depende de ti que vayas a conservarlo.

Cuando te des cuenta de que te mereces algo mejor que la situación tóxica en la que estás atrapado, atrévete a seguir adelante. No tienes que apresurar el proceso, pero mientras más tiempo permanezcas en situaciones que te perjudican, más sabotearás tu propia vida.

CUARTA PARTE

Acéptate a ti mismo

Introducción

No serás importante para los demás en todo momento, por eso has de ser importante para ti mismo. Aprende a disfrutar de tu propia compañía. Cuídate. Fomenta el diálogo positivo y sé tu propio sistema de apoyo. Tus necesidades importan, así que empieza a satisfacerlas tú mismo. No dependas de los demás.

Alguien planteó una vez la siguiente pregunta: «Si te pidiera que nombraras todo lo que amas, ¿cuánto tardarías en nombrarte a ti mismo?».

Esta pregunta sirve como un recordatorio de que muchos descuidamos el amor propio. Es el resultado de un problema común en nuestra sociedad: estamos condicionados a preocuparnos más por lo que los demás piensan de nosotros que por nuestra propia opinión sobre nosotros mismos.

Aprender a relacionarte con otras personas y causarles una buena impresión te ayudará a lograr tus objetivos. Pero primero hay que tratar un problema más profundo: ¿te gustas a ti mismo?

Aprendemos a preocuparnos de lo que piensan los demás sobre nosotros, pero evitamos prestar atención a lo que pensamos de nosotros mismos. Esto crea una sociedad en la que la gente trata de impresionar a otros para gustarles, pero en el fondo sigue insatisfecha porque no se quiere.

Naturalmente, es agradable que reconozcan tu talento, que recompensen tu trabajo, que aplaudan tus logros o aprecien tu aspecto. Todo eso nos reafirma, nos halaga, nos lleva a sentirnos queridos e importantes. Hace que nos sintamos a gusto en el mundo.

Sin embargo, seguimos embarcados en una misión perpetua de complacer a los demás, para demostrarles nuestra valía. Nos creamos presión financiera comprando cosas que no necesitamos, solo con el fin de impresionar a gente a la que le trae sin cuidado nuestro bienestar. Cambiamos para encajar en la sociedad, en lugar de cambiar el mundo a base de ser nosotros mismos. Alteramos nuestra belleza natural para adaptarnos a lo que la sociedad espera de nosotros. Nos esforzamos por lograr una infinidad de metas externas al tiempo que descuidamos nuestro propio crecimiento espiritual.

El amor y la bondad tienen un poder enorme, y compartirlo con otros puede transformar el mundo. Pero también debemos ser amables y cariñosos con nosotros mismos. En lugar de tratar de cambiar lo que eres, empieza a darte permiso para sentirte bien. Transforma tu propio mundo y perfeccionarás las habilidades necesarias para cambiar el mundo que te rodea.

Si, como suele suceder, no nos tratamos con la bondad y el respeto que merecemos, nos volvemos inseguros, y esto afecta a nuestra confianza, actitud y salud. El resultado es que nos cuesta mostrarles amor a los demás, lo que, a su vez, afecta a las expresiones de amor que *recibimos*. La gente suele disfrutar y enamorarse de quienes se aceptan plenamente a sí mismos. Por eso, el amor propio es un elemento fundamental para desarrollar relaciones sólidas.

Digamos que una joven llamada Kierah tiene poco amor propio y se muestra insegura en su relación de pareja con Troy, porque cree que no es tan bonita como otras chicas que él conoce. Esto la hace comportarse de una manera que, desde la perspectiva de Troy, muestra una falta de respeto y confianza; por ejemplo, revisando su móvil y leyendo sus mensajes privados. La relación, independientemente del amor que sientan el uno por el otro, sufre por la falta de amor propio de Kierah. Su comportamiento termina afectando al bienestar de Troy. A partir de ahí él empieza a creer que sus acciones indican que no lo ama de verdad, lo cual daña a su autoestima. Al final, la relación entra en una espiral descendente y se acaba.

Cuando te aceptas a ti mismo tal como eres, pones énfasis en tu propio bienestar y alegría, y asumes que no todos te aceptarán tal como eres. Sabes lo que vales, así que no te importa que otros no lo reconozcan. De hecho, llegas a entender *por qué* no lo reconocen: como, por desgracia, la mayoría de las personas no se aceptan a sí mismas, buscan defectos en los demás.

Volvemos al punto de partida: la importancia de quererse a sí mismo incondicionalmente.

Las ideas que expongo a continuación te harán ser más consciente de cuáles son exactamente los motivos por los que tienes tus creencias actuales. De esta manera podrás llevar a cabo cambios significativos en tu vida. Este viaje de crecimiento personal te conducirá a la autoaceptación y te brindará experiencias dichosas.

Aprecia tu belleza física

E s maravilloso cuidarse cuando se trata de la apariencia física. Deberíamos sentirnos siempre a gusto en nuestra propia piel, y cuidar del cuerpo es un hábito saludable. El hecho de tener un cuerpo es algo extraordinario. Eres un reflejo de la maravilla de la naturaleza.

Tanto si crees en Dios como si no, has de tener en cuenta que cuando se creó el mundo la humanidad no recibió reglas ni instrucciones para determinar en qué consiste la belleza física. No, estas ideas las creamos nosotros, y en la actualidad los medios de comunicación suelen encargarse de adaptarlas y manipularlas.

Solo puedes reconocer tu propia belleza si practicas el amor propio, pero voy a ser sincero contigo: no es nada fácil. Con las plataformas de medios de comunicación jugando con nuestras inseguridades, es difícil no compararnos con los demás.

Nos bombardean con imágenes que muestran gente con cuerpos atractivos. Sabemos que la mayoría de estas imágenes no son reales, que han sido editadas o manipuladas para vender una idea, un producto o un sueño, pero fácilmente lo olvidamos y los problemas de inseguridad aumentan a gran velocidad.

Definimos nuestros defectos físicos en relación con lo que se nos enseña que es el «cuerpo perfecto». Nos adoctrinan constantemente sobre la belleza y si no nos cuestionamos lo que nos dicen, estos interminables mensajes implantan en nuestra mente una definición inconsciente de lo bello. Todo lo que no coincida con el canon popular de belleza nos parece un defecto y hace que critiquemos y evaluemos la belleza física en relación con ese punto de referencia. Esto no solo afecta a nuestra percepción de los demás, sino también a cómo nos vemos a nosotros mismos.

Por mi trabajo he tenido la suerte de relacionarme con muchos jóvenes. Algunos tienen una gran cantidad de seguidores en Internet, mientras que otros son solo los típicos adolescentes. Conocí muy bien a una de las figuras más famosas, y me entristeció saber que se había granjeado mucho odio por su enorme popularidad. Cuando publicó en las redes sociales fotos de sí misma al natural, la criticaron por su fealdad. La presión de ser juzgada y ridiculizada la llevó a someterse a una intervención de cirugía estética para mantener su imagen pública.

Sin embargo, siguió recibiendo muestras de odio. Primero, la juzgaron por no ser perfecta según los cánones de la sociedad, y luego por tratar de arreglarlo. La verdad cae por su propio peso: es imposible contentar a todo el mundo.

También hablé con una joven que admiraba a esta figura pública, y admitió que a menudo se sentía insegura al comparar su apariencia física con la de su ídolo. Confesó que eso le hacía ser dura con otras personas: no le importaba dejar comentarios negativos sobre la apariencia de otras figuras públicas, solo porque no eran tan hermosas como su ídolo. Le expliqué que comentarios similares eran la razón por la que su ídolo había recurrido a la cirugía.

Alrededor de Internet se mueve una cultura de negatividad que incluso termina afectando a quienes afirmamos que nos gustan. La

No permitas que los conceptos de belleza creados por la sociedad disminuyan tu autoestima. No hay reglas para la belleza. Acéptate y ámate a ti mismo tal como eres. Acepta tus defectos y siéntete a gusto en tu propia piel. Luce tus imperfecciones como si fueran tu sello personal más allá de las modas.

comparación constante de un ser humano con otro te sumerge en un mar de pensamientos negativos y carentes de amor.

Nunca permitas que los ideales de belleza física de la sociedad devalúen tu existencia. Casi todos esos ideales están impulsados por la inseguridad y el deseo de sentirse más seguro —o de vender algo—. Si lo piensas, ¿cuántos negocios cerrarían si te aceptaras realmente a ti mismo?

Lo que te define no es el tamaño de tus vaqueros.
Ni el color y el tono de tu piel.
No te define el número que marca tu balanza.
Ni las arrugas que surcan tu rostro.
Tampoco te define lo que los demás esperan de ti.
Ni sus opiniones.

Tu belleza personal no es para todos los gustos, y está bien así. No significa que seas menos atractivo que cualquier otro ser humano. La perfección es subjetiva y se basa completamente en la percepción. Luce tus «imperfecciones» con orgullo, porque te hacen único. Nunca dejes de apreciar tu propia belleza.

Si crees que preferirías ser otra persona, no eres el único. Pero si puedes reconocer y aceptar tu propia belleza, podrás vivir con autenticidad y sentirte orgulloso de quien eres. Una persona que se acepta a sí misma tal como es puede ser un modelo para el mundo. Y ese podrías ser tú. Podrías mostrarle al mundo cómo alcanzar la alegría por medio de la autoaceptación.

Compárate solo contigo mismo

Ignora lo que hacen todos los demás. Tu vida no consiste en los demás, sino en ti. En lugar de centrarte en su camino, presta atención al tuyo. Ahí es donde tiene lugar tu viaje.

Una de las razones más comunes por las que experimentamos tristeza es que nos comparamos con otros. Admito que la comparación me ha robado la alegría en muchas ocasiones. Llegué a un punto en el que solía avergonzarme de mi vida porque no era tan atractiva como la de quienes me rodeaban. Recuerdo que durante la escuela rara vez invitaba a mis amigos a mi casa porque me avergonzaba su tamaño y el estado en que se encontraba.

En este mundo es muy difícil no compararse con los demás. Durante una de mis meditaciones, me surgió el recuerdo de una boda a la que asistí cuando era pequeño. Estaba jugando con los demás niños; no tendría más de diez años. Había un chico que era unos años mayor que yo y que era el que decidía a qué íbamos a jugar después. Parecía ser el líder.

Hubo un momento en el que todos dejamos de jugar y este niño empezó a mirarnos uno a uno para ver lo que llevábamos puesto. Él iba vestido muy elegantemente con ropa de marca.

Se metió mucho con los otros niños por su ropa. Comencé a sentir un poco de ansiedad a medida que se me acercaba. Mi ropa era más bien barata. No quería que se burlara de mí delante de los demás y me llamara pobre. Eso me habría avergonzado, sobre todo porque ya me sentía inseguro con mi familia.

Afortunadamente para mí, hubo una distracción y me escapé sin que le diera tiempo a hablarme. Sin embargo, el miedo a que me juzgaran por mi aparente carencia de recursos nunca me abandonó, sino que empeoró a medida que fui creciendo. En los días especiales en la escuela, en los que podíamos ir como quisiéramos, se metían con los niños que no llevaban ropa de marca.

No sé cómo se las apañó mi madre, con tres hijos y un trabajo con un salario mínimo, pero se aseguró de que nunca nos faltara de nada. Sin embargo, si yo usaba zapatos de la marca Nike, era el modelo más barato que se podía conseguir. Seguía mirando a los niños que llevaban los más caros, sintiéndome pobre e insignificante. Quería lo que tenían ellos y esos momentos me recordaban todo lo que me faltaba.

Los niños pueden adquirir el hábito de compararse a sí mismos con otros por sus padres. Sus padres quieren lo mejor para ellos, por eso quizá elogian a otros niños para motivar a sus hijos y conseguir que lo hagan mejor. Por ejemplo, es posible que digan algo como: «Saira ha sacado sobresaliente en los exámenes. Es muy inteligente y tiene un futuro increíble por delante».

Por muy inofensiva que sea la intención, puede socavar las habilidades de un niño, especialmente si no lo elogian por sus logros, también. Si se hacen comparaciones directas, el niño se sentirá menospreciado y sin valor. Frases como «deberías ser tan inteligente como Saira» son tremendamente perjudiciales y podrían hacer que durante toda su vida un niño crea que no es lo suficientemente bueno.

El *marketing* nos anima a hacer comparaciones todo el tiempo. No estás a la última si no tienes un Apple, no has alcanzado el éxito si no conduces un Lamborghini, y no vas a la moda si no vistes algo que llevó una famosa. Estas implicaciones se crean a través de astutas estrategias de *marketing* concebidas para aprovechar nuestro miedo y nuestra baja autoestima.

Cuando comparamos, nos fijamos siempre en aquellos a los que aparentemente les va mejor que a nosotros; rara vez miramos a aquellos que se enfrentan a circunstancias más duras que las nuestras. Por eso nunca nos sentimos agradecidos por lo que tenemos.

Que los demás te sirvan de aliciente está bien,
pero una cosa es un aliciente y otra la envidia.

El auge de las redes sociales también está resultando problemático. En la actualidad, los grupos de edad más jóvenes de niños y adultos están muy absortos en ellas, sin saber que las redes sociales presentan versiones edulcoradas de la vida como si fueran la realidad, y que se están comparando a sí mismos con una ficción.

He visto que a veces parejas reales que están a punto de renunciar a su relación publican una multitud de poses amorosas en Internet para que nadie se dé cuenta de lo que están pasando y los juzgue. (No es probable que estas parejas compartan sus discusiones y desacuerdos en Internet; nadie dice a mitad de una discusión: «Espera, déjame tomar una foto de esto»). La gente publicará comentarios celebrando lo extraordinaria que es la relación de la pareja y cómo les gustaría tener una relación igual, haciendo una comparación. No tienen idea de lo que está pasando entre bastidores. No podemos verlo o entenderlo todo solo con una foto.

Comparar nuestras vidas con las de otros que vemos en Internet es un desperdicio de energía. Las personas solo comparten fotos en las que se ven atractivas, felices y exitosas; no en las que aparecen cansadas, asustadas y solas.

Del mismo modo, también he visto que algunas de esas relaciones que aparecen en los medios se crean con el propósito de beneficiar a los involucrados, por ejemplo, para crear sus perfiles públicos. Es por eso por lo que algunas de estas figuras muestran más amor hacia la cámara que hacia su pareja. A pesar de ello, sus instantáneas se siguen vendiendo.

Ten presente que si alguien comparte imágenes o vídeos de su maravillosa vida, tú no sabes lo que le ha costado conseguirlo. Detrás de cada triunfo, puede haber más sangre, sudor y lágrimas de lo que te imaginas. Incluso en el caso de algunas de las figuras públicas que constantemente ves en Internet como enamoradas, puede haber una historia de rechazo e intimidación. Es posible que por cada una de esas fotos preciosas que suben, hayan eliminado cincuenta.

He conocido a personas que son completamente diferentes en las redes sociales y en la vida real. La verdad se distorsiona con filtros y frases motivacionales al pie de la foto para hacer que todo parezca mejor de lo que es. Todos lo sabemos, pero es fácil olvidarlo.

A la naturaleza humana le atraen las redes sociales porque podemos obtener una validación instantánea por medio de *likes*, comentarios y seguidores. Cuando interactuamos con las redes, nuestro cerebro libera dopamina, una hormona que nos hace sentir bien (y que también interviene en la adicción). ¿Te has planteado que podrías estar comparando tu vida con la de otros que usan las redes para llenar su vacío porque ya no saben cómo quererse a sí mismos?

Aquí no se trata de lo que otros hagan o compartan por Internet. Ni de lo bien que les vaya en la vida o de lo lejos que hayan llegado. Se trata de ti. Tu competencia eres tú. Superarte a ti mismo es tu tarea diaria, y ahí es a donde debes dirigir tu competitividad: a la persona que fuiste ayer. Si quieres ser la mejor versión de ti, tienes que centrarte en tu propia vida y tus metas.

*Competir con otros no fomenta la
mejora, sino la amargura.*

No hay dos sendas individuales iguales. Estás en tu propio camino. Todos nos movemos por la vida a nuestro propio ritmo y llegamos a diferentes etapas en momentos distintos. Es posible que otro ya haya llegado a la parte más interesante de su programa mientras tú aún estés entre bastidores haciendo los preparativos para el tuyo. Sin embargo, eso no significa que no vayas a tener la oportunidad de subir al escenario y brillar.

Mira las vidas de los otros y aplaude sus éxitos. Y luego continúa con la tuya. Agradece lo que tienes ahora. Y recuerda lo lejos que has llegado al seguir en la dirección de tus sueños.

Valora tu belleza interior

¿Cuántas veces has oído que llamen bello a alguien por su mente o por lo que hace por los demás? Es bastante raro, especialmente si tenemos en cuenta el número de veces que se llama bellas a las personas por su apariencia física. Con excesiva frecuencia la gente etiqueta a los demás como «bellos» por razones superficiales, mientras pasa por alto a aquellos que demuestran belleza interior: amor incondicional y bondad. Esto se debe a que estas cualidades, lamentablemente, no son interesantes para quienes persiguen éxitos superficiales.

Por esta razón, es muy común que la gente cambie su apariencia para reflejar los ideales de belleza que la sociedad nos ha condicionado a seguir; sin embargo, es mucho menos común cambiar la forma en la que piensas y actúas.

Si nos esforzamos por llamar a más personas bellas por su bondad, entonces nos interesaremos más en cambiar nuestro comportamiento. La belleza es mucho más que la apariencia física.

Experimentar atracción física hacia alguien no significa que debas invertir tu energía en esa persona. Su corazón, su mente y su espíritu deben parecerte hermosos también. Un coche deportivo de lujo es inútil sin un motor, y lo mismo le sucede a alguien que solo te resulta bello físicamente; será difícil avanzar en la vida con él si no comparte tus mismos valores.

La belleza física solo satisface las necesidades físicas. Solo quienes son auténticos por dentro pueden satisfacer el corazón, la mente y el alma de los demás.

La verdadera belleza debe ser más profunda de lo que se ve a simple vista. Debe ir más allá de la piel. Nuestros cuerpos siempre pueden cambiar, pero nuestra belleza interna puede durar toda la vida. Aquí es donde reside tu valor y es por eso por lo que es tan importante dedicarle tiempo a la formación de tu carácter. Después de todo, puedes pagar para hacerte una operación quirúrgica, pero no puedes comprarte una nueva personalidad. Puedes atraer a mucha gente con tu aspecto, pero solo puedes retener a una gran persona con lo que tienes dentro.

Celebra tus logros

Asumimos que el éxito consiste en ser famoso, rico, y tener cosas caras. Pero si has logrado salir de la oscuridad, eso es un gran éxito en sí mismo. No olvides que cada día que no te rindes y llegas al siguiente estás triunfando.

¿Sabías que todos los días consigues grandes logros? Probablemente, si siempre estás pendiente de tu próximo objetivo, no te lo parezca. Sin embargo, muchas de las cosas que has logrado hoy son cosas con las que soñaste en el pasado. Es solo que no te das cuenta en el momento en que suceden. O que suceden demasiado rápido.

Es cierto que no debes conformarte con lo que has conseguido y dejar de avanzar, pero has de dedicarle un tiempo a celebrar tus logros. De lo contrario, recordarás tu vida y pensarás que no hiciste nada importante. Pero si esto fuera cierto, tu vida siempre habría sido la misma.

Somos muy duros con nosotros mismos. Nos acordamos de todos los errores que hemos cometido, pero casi nunca pensamos en lo que hemos hecho bien. ¿Te suena? Si es así, se debe a que eres excesivamente autocrítico.

Deberías darte una palmadita en la espalda de vez en cuando. Has hecho cosas que otros decían que no podías hacer; que tú mismo creías que eras incapaz de lograr. Siéntete orgulloso de ti. Te has esforzado por llegar a donde estás. Reconocerlo te traerá satisfacción y elevará tu vibración.

Respeta tu singularidad

*Tu singularidad es un don, no una carga. Si tratas de
ser como los demás, tu vida no será mejor que la suya.
Al seguir a la multitud, te volverás parte de ella y no
destacarás. Viajando por su mismo camino, no tendrás la
oportunidad de ver algo diferente de lo que ellos ven.*

Cuando somos niños, nos dicen una y otra vez que todos somos distintos y que no deberíamos avergonzarnos de ser como somos. ¡Nos animan a creer en nuestros sueños más fantásticos! Pero a medida que crecemos, ese mundo lleno de posibilidades que teníamos se va reduciendo. Nos dicen: «Sí, sé tú mismo... pero no así» o «Puedes ser lo que te propongas... pero el camino correcto es *este*».

En psicología, el concepto de «prueba social» sugiere que a los seres humanos nos gusta seguir a la multitud. Si todos los demás hacen algo, uno asume que eso es lo correcto. Los otros influyen más de lo que crees en tus acciones. Por ejemplo, si tuvieras que elegir entre dos bares que no conoces y vieras uno lleno de gente y el otro medio vacío, darías por hecho que este último no merece la pena y que el bar concurrido es mucho mejor. Pero el hecho de que todo el mundo esté haciendo lo mismo no significa que eso sea lo correcto. La esclavitud era legal, pero ahora la mayoría de la gente está de acuerdo en que es una práctica inhumana, degradante e inmoral.

Empieza a cuestionarte tus acciones. ¿Por qué haces lo que haces y eliges lo que eliges? ¿Estás haciendo lo que de verdad crees que es correcto, o estás siguiendo a la masa? Si descubres que, con frecuencia, tus decisiones vienen dictadas por los puntos de vista de otros, sabrás que estás renunciando al control sobre tu vida. Sin control, el pánico se apodera de nosotros y terminamos en estados de baja vibración, como la ansiedad. Al final, la alegría que sentimos depende de los demás, nos convertimos en esclavos de sus opiniones.

El miedo y la escasez son las armas que se suelen utilizar para controlar a la sociedad. He conocido a muchos que no vivieron la vida que ellos habrían elegido sino la que otros, con la mejor de las intenciones, les sugirieron que debían vivir. Y aunque algunas personas *quieren* lo mejor para ti, puede que no *sepan* lo que te conviene. También es posible que tomen decisiones por ti basándose en el temor que les han inculcado.

Pero no deberías vivir con la sensación de que estás siguiendo las creencias de otro. No deberías creer que tienes que cumplir con las expectativas de los demás o vivir tu vida de cierta manera para obtener su aprobación. No deberías sentirte como si tuvieras que alejarte de ser quien de verdad eres, de tu singularidad. No deberías sentir que tu vida te limita.

La verdad es que, hagas lo que hagas, te juzgarán, tanto si vives la vida a tu manera como si vives como los demás quieren que vivas.

Alguien dijo una vez que un tigre no pierde el sueño por la opinión de las ovejas. Al tigre no le influyen las críticas de los animales

Puedes seguir a la multitud o hacer caso a tu alma y vivir tu propia vida.

cuyo comportamiento está dictado por el condicionamiento social. La oveja busca constantemente la aprobación, cambia de dirección y pierde su propia identidad; por lo tanto, vive perdida y sintiéndose desgraciada.

Toma una hoja blanca. Mírala durante veinte segundos. Ahora dime rápido: ¿qué beben las vacas?

¿Dijiste leche?

Si lo hiciste, caíste en la trampa de una técnica psicológica llamada *primado*. Te preparé para que dieras la respuesta que quería oír, aunque fuera falsa.* Otro ejemplo: si te enseño una lista de palabras en las que aparece el término *tableta* y luego te pido que completes una palabra que empieza por *tab* lo más probable es que escribas «tableta».

El primado también proporciona pistas para ayudar a la memoria sin que nos demos cuenta de la conexión. Imagínate que pudieras conseguir que la gente pensara y actuara de cierta manera, sin que fueran conscientes de ello. Precisamente esto es lo que hacen continuamente las empresas de *marketing* para aumentar las ventas.

Hoy en día la autenticidad es rara, y muchas de nuestras acciones vienen sugeridas por alguien. La verdad es que, sin ánimo de pretender arrastrarte a la paranoia, resulta fácil reprogramarnos para satisfacer las necesidades de otro ser humano, o, por supuesto, de una corporación.

No dejes que te arrebaten tu individualidad solo para poder encajar en el resto de la sociedad. Acepta tu singularidad. ¿Te consideran raro? ¡Extraordinario! Esto es solo porque la mayoría de la gente vive dentro de una caja imaginaria y tú no «encajas» ahí; y te hacen creer que cuando no encajas en las necesidades de la sociedad, tienes algo malo. ¿Quién quiere vivir constreñido por los

---

* N. del T.: Las vacas beben agua; son los terneros los que beben leche. La concentración en el papel blanco hay propiciado la asociación mental inmediata (la leche es blanca).

límites de una caja que ni siquiera existe? ¡Yo no! La libertad carece de restricciones.

Siempre podemos mejorarnos y crecer como individuos. Podemos salir de nuestra comodidad y ponernos a prueba. Pero la sociedad a menudo nos hace creer que nos equivocamos por ser nosotros mismos.

*Te llamarán callado porque eres
perfectamente feliz en silencio.*

*Te llamarán débil porque evitas los
conflictos y los problemas.*

Te llamarán obseso por ser un apasionado de lo que amas.

*Te llamarán grosero por no plegarte a las
normas hipócritas de la sociedad.*

Te llamarán arrogante por tener autoestima.

Te llamarán aburrido por no ser extrovertido.

Te llamarán degenerado por tener creencias diferentes.

*Te llamarán tímido cada vez que decidas no
participar en una conversación trivial.*

*Te llamarán raro porque elegiste no
seguir las tendencias sociales.*

*Te llamarán falso por hacer todo lo
posible para mantenerte positivo.*

*Te llamarán ermitaño porque te
sientes a gusto estando solo.*

*Te llamarán perdido por no seguir la
misma ruta que los demás.*

Te llamarán empollón por amar el conocimiento.

Te llamarán feo por no parecerte a los famosos.

Te llamarán tonto por no haber ido a la universidad.

Te llamarán loco por pensar diferente de los demás.

Te llamarán tacaño por saber valorar el dinero.

Te llamarán desleal por alejarte de las personas negativas.

Deja que te llamen como quieran. No tienes que hacer el papel que quieren que hagas. Crea tu propio papel en el mundo.

Sé bueno contigo y perdónate

Perdónate por tus malas decisiones, por los momentos en que no creíste en ti, por las veces en que hiciste daño a los demás y a ti mismo. Perdónate por todos los errores que has cometido. Lo más importante es que estés dispuesto a seguir adelante con una mejor actitud.

¿Con qué frecuencia le faltas el respeto a tu inteligencia cuando cometes un error? ¿Alguna vez te has hecho preguntas que te hunden en la miseria, como: «¿Por qué no puedo hacerlo?», ¿Por qué soy tan feo» o «¿Por qué fracaso siempre?»?

Nuestra voz interior puede ser muy crítica. Este tipo de pregunta es a menudo una presuposición que te obliga a aceptar como verdad las ideas que plantea. Se trata de una forma muy cruel de menospreciarte a ti mismo.

Pero debes asegurarte de que esa voz interior te trate siempre bien. En la vida encontrarás muchas personas que están dispuestas a hundirte, pero tú no deberías ser una de ellas. No puedes esperar que los demás sean amables contigo si tú no lo eres. Tienes que cambiar tu diálogo interno para que te ayude a vivir. En lugar de llamarte tonto por haber cometido un error, dite a ti mismo que eres humano y que la próxima vez lo harás mejor.

Tus palabras son energía creativa, una idea que desarrollaremos en la siguiente sección. Son extremadamente poderosas tanto para apoyarte como para limitar tu vida. Cuando usas tus palabras para menospreciarte, disminuyes tu alegría.

¿Te sigues castigando por los errores que cometiste de niño? Casi siempre la respuesta es no, porque comprendemos que éramos muy pequeños e ingenuos, y la mayoría aprendimos de esos errores. Gracias a ellos, mejoramos. También has de perdonarte por tus errores recientes.

Cada error que cometes puede ayudarte a mejorar como persona. Pero para que te sirva la lección que contiene cada error, primero debes aprender a soltarlo. Acepta lo que pasó. Imagínate que es aire: inspíralo, espíralo y despréndete de él. Solo eres un ser humano y tienes derecho a seguir adelante, por más grande que haya sido el error. No te castigues por lo que hiciste; en lugar de eso, concéntrate en lo que puedes mejorar.

Castigarte no cambiará la situación. Lo importante es el objetivo que te vas a esforzar por conseguir a partir de ahora.

¿Alguna vez te has encontrado con alguien a quien llevabas mucho tiempo sin ver y te ha dicho: «¡Has evolucionado mucho!»? Es probable que si esa persona habló de ti con anterioridad a esa ocasión, se refiriera a la antigua versión que conocía; a alguien del pasado.

La verdad es que «tu yo del pasado» seguramente era totalmente distinto a como eres ahora. Así que si alguien te juzga por lo que sucedió antes, es su problema. Sigue viviendo en una época que ya no existe. Si no entiende que las personas crecen y maduran, probablemente tenga que crecer bastante todavía. No dejes que nadie utilice tu pasado como excusa para juzgarte; solo está tratando de coartarte para que no construyas un futuro feliz. Recuerda que nada permanece igual, tampoco tú, y ten presente todo lo que has logrado hasta ahora.

E igual de importante es que dejes atrás el pasado. Puede que alguna vez te hayan hecho cosas que te parecieran imperdonables. Y es posible que ni siquiera recuerdes exactamente de qué se trata, pero te aferras a lo que te hicieron sentir. Apegándote a estos sentimientos dolorosos solo conseguirás hundirte y arrastrar tu vibración hacia las frecuencias más bajas.

Al perdonar a los demás no mejoras el pasado, mejoras tu presente y tu futuro. Te das más paz a ti mismo y creas más energía positiva en tu interior.

Los que no son capaces de perdonar a quienes les hicieron daño terminan siendo sus víctimas. Imagínate que te sientes fatal porque alguien te traicionó. Al principio, estás furioso y te sientes herido. Te alejas de esa persona y con el tiempo te olvidas de todo, hasta que te la vuelves a encontrar. En ese momento, recuerdas lo que te hizo y sientes dolor otra vez, porque en realidad no la has perdonado. Esto te hundirá y podría llevarte a tomar decisiones destructivas.

Perdonar no consiste en justificar los abusos de nadie y no siempre significa que tengas que invitar a alguien a volver a tu vida; solo significa que ya no le permitirás tener poder sobre tus pensamientos y control sobre tu estado emocional. De esa manera, no podrá decidir tu destino.

QUINTA PARTE

Alcanzar metas:
el trabajo mental

Introducción

La mente humana es capaz de conseguir
todo lo que puede concebir y creer.
Napoleon Hill

Para lograr tus metas, es importante que mantengas tu vibración alta. Tus sentimientos vuelven a ti en forma de realidad, por eso es fundamental que domines todo lo aprendido en las secciones anteriores de este libro.

Sin embargo, indudablemente, a la hora de manifestar una realidad, tus creencias son fundamentales. Si no crees en algo, es muy raro que aparezca en tu vida. De manera que dediquemos unos momentos a explorar la importancia de nuestras creencias y cómo influyen en nuestra realidad.

La importancia del pensamiento positivo

*El pensamiento positivo consiste en elegir ideas
que te estimulan en vez de ideas que te limitan.*

Estoy convencido de que pensar de forma positiva te lleva a una vida positiva. Vamos a analizar esta afirmación desde un ángulo puramente lógico, sin ninguna implicación mística. Si algo te parece malo, ¿cómo puedes considerarlo también bueno al mismo tiempo? Por lo tanto, ¿cómo puede uno, desde un sentido negativo de percepción, ver la vida como de forma positiva?

Una mente positiva es superior a una mente negativa. El pensamiento positivo consiste en elegir pensamientos y acciones que nos apoyan en lugar de ser un obstáculo, y nos brinda el mejor resultado posible en cualquier situación.

Por ejemplo, un bateador de críquet necesita anotarse seis carreras para ganar un partido tras golpear la última pelota. Si tiene miedo y cree que no podrá anotarse esas carreras para ganar el juego, probablemente no lo intentará, así que no lo logrará.

Sin embargo, si se aferra a un pensamiento que lo estimule, como «puedo conseguirlo», lo intentará, y tendrá una oportunidad de hacerlo bien. De una u otra manera podría fallar, pero la actitud es diferente. El pensamiento estimulante le ofrece una posibilidad de alcanzar su objetivo, mientras que el pensamiento limitante lo deja sin posibilidad alguna.

Un pensamiento negativo como «no puedes hacerlo», te disuadirá de dar pasos hacia el logro de una meta. Obviamente, así es menos probable que la alcances.

Un pensamiento positivo como «puedes hacerlo», te permitirá intentarlo, aumentando tus probabilidades de lograr tu objetivo.

Mientras que un pensamiento te limita, el otro te acerca a lo que quieres.

Creer que algo es imposible significa que estás prestando una atención excesiva a los obstáculos. Una vez un niño me dijo que no podría alcanzar un nivel superior como jugador de fútbol y, por lo tanto, iba a dejarlo. No tenía motivos para creer que fuera posible conseguirlo porque, al pensar en su vida, le parecía poco realista; desde su perspectiva resultaba imposible.

Tenía un amigo que jugaba más o menos como él, pero su actitud era totalmente distinta. Cuando le pregunté al chico más optimista qué le hacía creer que podría alcanzar el máximo nivel, me habló de otros futbolistas y de cómo lo habían conseguido. Consideraba que esforzarse por ello era realista, porque se centraba en la posibilidad, no en la imposibilidad.

Esto es algo que hago constantemente para cambiar mi perspectiva y llenarme de esperanza. En la época en que ni siquiera tenía casa, mucho de lo que he conseguido hasta ahora podría haberme parecido poco realista. Pero me servía de ejemplo la gente que había tenido comienzos difíciles en la vida y, aun así, había logrado cosas increíbles. Me decía a mí mismo: «Si ellos pueden hacerlo, ¿por qué no yo?». Terminé centrándome en lo que se *podía* hacer, en lugar de lo que *no se podía*. Todos los grandes logros han surgido de la idea de que era posible hacerlo.

No puedes avanzar con
pensamientos que te frenan.

Cada uno de tus pensamientos te ayuda a avanzar en la vida o te mantiene estancado. Pensar de forma positiva consiste en escoger las ideas que te empujan hacia delante. Y nunca es demasiado tarde para cambiar tu manera de pensar y reestructurar tus creencias para que te ayuden, en lugar de obstaculizar tu progreso.

Tu mentalidad es tu realidad

Tanto si crees que puedes hacerlo como
si crees que no, tienes razón.
HENRY FORD

E l filósofo Immanuel Kant señaló hace más de doscientos años que todo lo que percibimos, entre otras cosas todos los colores, sensaciones y objetos de los que somos conscientes, son solo representaciones mentales. La realidad depende por completo de la percepción individual.

Piensa en lo siguiente: si les pides a cien personas que describan de cinco maneras diferentes una roca grande, quien escuche esas descripciones podría creer que están hablando de quinientas rocas distintas, cuando, de hecho, es la misma roca percibida de quinientas formas diferentes.

Nuestra percepción del mundo surge de nuestras creencias. Estas creencias son nuestras verdades individuales que construyen nuestras realidades subjetivas. En el fondo, todos los seres humanos somos sistemas de creencias. Una creencia es un pensamiento que se asume como verdadero sobre algo en particular; se trata de un conocimiento pasivo. Vivimos nuestra vida basándonos en las creencias que hemos asimilado a través de nuestras experiencias y de los conocimientos adquiridos. Por consiguiente, todos vemos el mundo de manera diferente.

Para seguir creciendo hemos de estar abiertos a las creencias de los demás. Y debemos estar dispuestos a cambiar de creencias si tenemos el convencimiento de que hay otra perspectiva que nos proporciona una visión más acertada y estimulante de las cosas. Pero no deberíamos cambiar de creencias solo por la influencia de otros. Más bien, tendríamos que cuestionarnos lo que creemos y preguntarnos: «¿Mis creencias me ayudan a vivir la vida que realmente quiero vivir?» y «¿Cuántas de estas creencias son mías y cuántas vienen de los demás?».

Tu mentalidad crea tu realidad. Así que cuando alguien te diga que tus metas son poco realistas y que pongas los pies en la tierra, ten presente que te está hablando de su realidad, no de la tuya.

Creer en algo es fundamental para verlo. Si no lo crees, no es verdad para ti y, por consiguiente, no puede formar parte de tu realidad.

Como sabemos por la ley de la vibración, cuando creemos en cosas negativas, experimentamos cosas negativas. Estas experiencias negativas continúan reforzando las creencias iniciales, lo que hace que creamos aún más en ellas. Y una verdad triste puede volverse aún más verdadera a menos que decidas cambiar tus creencias.

Comprender la mente subconsciente

Todo lo que percibes es el resultado de lo que aceptas como verdadero en tu mente subconsciente.

La mente consciente piensa, la mente subconsciente absorbe. Tu mente consciente es tu jardín y tu mente subconsciente es como un terreno profundo y fértil. Las semillas del éxito y del fracaso se pueden plantar en este suelo sin discernir. Tu mente consciente desempeña el papel de jardinero, eligiendo qué semillas se siembran en su terreno.

Pero la mayoría permitimos que tanto las buenas como las malas semillas caigan en esta tierra. Eso significa que las ideas limitadoras arraigan continuamente en nuestro subconsciente, ya que las sembramos allí una y otra vez. Como el subconsciente no se cuestiona estas ideas, poco a poco van alterando nuestras creencias. Esto significa que la gente que vive asustada, la gente que se siente impotente y envidia a los demás, alimentará constantemente tu mente con malas semillas; semillas que limitan tu potencial. Te dirán que dejes de soñar y seas realista.

Los pensamientos habituales que provienen de impresiones subconscientes negativas te alejan de tus metas; pero lo cierto es que, en cuanto dejes de prestar atención al ruido mental, verás que no hay nada que no puedas conseguir.

Trasciende tus pensamientos

*Si no puedes cambiar una situación, cambia tu
manera de verla. Ahí es donde reside tu poder. O
tomas las riendas o dejas que te controlen.*

Pasé mi infancia en un barrio algo racista. Para que te hagas una idea: si quería jugar en la calle, como hacían los niños entonces, me pasaba la primera media hora peleando con, como mínimo, dos o tres niños. Con el tiempo, terminé peleándome también con sus hermanos mayores.

Me ofendía que me dijeran «vuelve a tu país». Mi país era este y tenía derecho a jugar en la calle. Pensaba que nadie debería menospreciarme por el color de mi piel. Ese pensamiento me llenaba tanto de rabia que, aunque no me gustaba la pelea, tenía la impresión de que —irónicamente— pelear era la única manera de lograr la paz y defender mi libertad. Cada vez que alguien era racista conmigo, mi respuesta automática era la violencia. Mi violencia surgía de la ira, que es una defensa contra el dolor. Sin embargo, yo no era violento; a menudo, cuando hacía daño a otros niños, me sentía culpable y les preguntaba si estaban bien.

Pero la noción de que se puede conseguir la paz por medio de la violencia es un concepto erróneo que hoy en día observamos habitualmente en las noticias. Cuando ganaba una pelea, solo conseguía que más gente quisiera pelear conmigo. Muy pronto, dejé de jugar en la calle porque no valía la pena enfrentarse a tantos problemas por ello.

El cerebro es inteligente. Quiere hacernos la vida más fácil y pensar lo menos posible. (Esto puede sonar un poco extraño, especialmente si eres un pensador compulsivo crónico). Por eso, nuestro cerebro está optimizado para tomar decisiones subconscientes basadas en emociones previas vinculadas a cada experiencia. Este comportamiento de piloto automático creado por la repetición nos permite vivir nuestro día a día sin tener que volver a aprender procesos, como conducir, y sin tener que pensar en todos los detalles de la vida cotidiana.

Sin embargo, como nuestra mente subconsciente carece de conciencia, sin darse cuenta puede mantenernos enganchados a un comportamiento tóxico. El hecho de que me sintiera mal cada vez que reaccionaba violentamente al abuso al que me sometían me hizo darme cuenta de que *yo* no era mi reacción. Mis experiencias pasadas me habían condicionado a reaccionar así, y, por falta de conciencia, no me cuestionaba esa forma de reaccionar.

No eres tus pensamientos, sino el
testigo de tus pensamientos.

Siguiendo este principio, en realidad yo no pensaba «estoy furioso»; sencillamente me limitaba a ser consciente de este pensamiento y esta emoción. Al volvernos más conscientes, podemos aprender a tomar mejores decisiones sobre cómo actuar.

Cómo percibimos una situación determina cómo la vivimos. Las situaciones son neutrales, pero les ponemos etiquetas. Cuando te suceda algo *malo*, haz una pausa y observa tus pensamientos.

Lo que estás haciendo con esto es volver consciente la mente inconsciente; es decir, reemplazar el pensamiento por la conciencia. Solo cuando seas consciente de tus pensamientos podrás elegir tu reacción. La meditación es una herramienta poderosa para perfeccionar esta habilidad.

Mira cualquier pensamiento que te limite como si la cosa no fuera contigo y déjalo pasar. O elige otro pensamiento que te estimule. Por ejemplo, si acabas de perder el trabajo, puedes enfocarte en la idea de que vas a estar desempleado y sin dinero, con lo que te desesperarás y tu vibración quedará por los suelos. O puedes centrarte en la oportunidad de conseguir un nuevo trabajo con un mejor sueldo. El segundo pensamiento te hará sentir mejor y elevará tu vibración.

En esto consiste la práctica de vivir conscientemente: en desaprender el condicionamiento mental y volver a educar tu mente para poder alcanzar más libertad y ser quien de verdad eres. Es un proceso que lleva su tiempo, pero con dedicación conseguirás pasar de vivir en un ciclo de pensamiento negativo a pensar de forma positiva.

En resumen: en lugar de tratar de controlar las circunstancias externas, concéntrate en controlar cómo responde tu mente a ellas. Esto te hará recuperar el poder y es la clave para una vida feliz.

Tu meta no es deshacerte de los pensamientos negativos sino cambiar tu reacción ante ellos.

Solo necesitas un pensamiento

Estás a solo un pensamiento de distancia
de obtener un mejor resultado.

La teoría del caos es un campo de estudio de las matemáticas que puede aplicarse a disciplinas como la física, la biología, la economía y la filosofía. Según esta teoría incluso una diferencia insignificante en los parámetros iniciales puede llevar a resultados complejos e impredecibles. Es lo que suele denominarse el efecto mariposa: el aleteo de las alas de una mariposa en el Amazonas podría causar minúsculos cambios atmosféricos que, con el paso del tiempo, llegarían a influir en los patrones climáticos de zonas tan alejadas como Nueva York.

Por ejemplo, imagina que disparamos repetidamente una bala de cañón desde una posición y un ángulo determinados. Siempre en idénticas condiciones. Usando las matemáticas y la física, podríamos calcular dónde caerá la bala. Esto es predecible. Pero si introduces el más leve cambio —en la posición, el ángulo o la resistencia del aire—, la bala caerá en un lugar diferente.

Igualmente, si cambiamos un solo pensamiento por otro más positivo, y lo creemos realmente, toda nuestra percepción del mundo cambiará. Percibir las cosas de otra manera tiene el poder de influir en nuestra vida.

Si queremos crear resultados distintos, no podemos depender de nuestro entorno; eso normalmente no depende de nosotros. Sin embargo, con el cañón de tu vida, puedes disparar fácilmente una bala en un ángulo o desde una altura diferentes, de modo que caiga más lejos o en otro lugar, y para eso solo tienes que cambiar tus pensamientos. Eso *está* en tus manos.

Cambiar tus creencias

Sería fantástico cambiar las creencias de la noche a la mañana, pero eso es tremendamente difícil de lograr. Como hemos visto, nuestras creencias están enraizadas profundamente en nuestra mente subconsciente. Cuando aceptamos las nociones sin cuestionarlas, vivimos con ellas durante la mayor parte de nuestras vidas. Algunas de estas ideas tienen sentido, pero no nos animan a superarnos, sino que, por el contrario, limitan nuestras posibilidades en la vida.

El primer paso es identificar qué creencias fundamentales deseas cambiar. Por ejemplo, una de las mías era: «No puedo cambiar mi futuro, por eso nunca podré lograr nada importante».

Eran convicciones que no me hacían sentir bien; sin embargo, si hubiera tratado de cambiarlas de inmediato, me habría parecido que me estaba mintiendo a mí mismo. Después de todo, para mí eran ciertas. Pero ¿por qué creía que lo eran?

Al enfrentarme a mis creencias limitadoras, descubrí que las creía porque me venían de personas a las que admiraba. De ellas aprendí que cada uno tiene un papel determinado en la vida y que eso es algo que no podemos decidir por nosotros mismos. Por lo visto, algunos nacen con suerte y otros no; es así y hay que aceptarlo. No merece la pena perder el tiempo intentando cambiar las cosas. Todo esto me lo enseñaron de una forma mucho más sutil. Pero era la mentalidad que no solo me habían inculcado desde niño, sino que todos a mi alrededor compartían. Por eso estaba convencido de que no podía cambiar el curso de mi vida.

A medida que pasaban los años y las cosas se volvían más difíciles, estas creencias comenzaron a deprimirme. Creía que no había alternativa y que debía aceptarlo porque eso era lo que me había tocado en la vida. Pero en el fondo me negaba a creerlo, tenía que haber una salida.

Empecé a cuestionarme mis convicciones. También me volví escéptico sobre la credibilidad de quienes me las inculcaron. Por supuesto, era gente muy respetada, y todos los que me rodeaban confirmaban la validez de esas ideas; pero ninguno de ellos era el tipo de persona que yo aspiraba a ser.

Hacia el final de mi adolescencia, deseaba alcanzar la riqueza y la fama, y para ello me propuse estudiar a quienes habían conseguido ambos objetivos. Quería comprobar si sus creencias diferían de las mías. Lo que descubrí fue que esos individuos pensaban sin limitaciones. Además, eran positivos, y hablaban de la caridad, del respeto a los demás y de la salud.

Cuando empecé a fijarme en la gente que había alcanzado algunos de los mayores logros, esas características parecían repetirse. También estudié a algunos de los líderes espirituales más admirados. Encontré a muchos que afirmaban que creamos nuestra vida con nuestras creencias.

Comprendí que las creencias que me transmitieron no tenían por qué ser falsas; eran ciertas para quienes me las enseñaron y para quienes me rodeaban. Al pensar en ellos, comprendí que todos tenían algo en común: vivían en una lucha continua. No tenían ninguna razón para creer lo contrario. La vida no los había tratado bien, así que solo conocían dificultades.

Escapa de tus limitaciones mentales. No te pases la vida atrapado en un sistema de creencias que limita tu potencial y te impide cumplir tus sueños.

Nuestros cerebros racionales tratan de encontrarle sentido a la vida. Si alguien nos ofrece una explicación con la que podemos identificarnos, la aceptamos como cierta. Cuando me enseñaron que la vida sería difícil, era mucho más fácil creer estas palabras que ponerlas en duda. Las acepté como verdaderas porque encajaban con lo que había vivido hasta entonces.

Nuestras creencias son como una lente para ver la vida; vemos lo que creemos que es verdad.

Al entender esto, supe que si podía cambiar mis creencias, cambiaría mi vida. Quería saber si había personas que nacieron en circunstancias como las mías, y aun así lograron grandes cosas.

No solo ha habido innumerables casos de personas así, sino que muchas de ellas nacieron en situaciones peores. Leer acerca de sus éxitos refutó toda la programación mental que me habían inculcado. Me ayudó a enfrentarme contra mi propia mente racional, usando evidencias innegables. Mientras más historias leía, más firme se hacía mi resolución.

Ahora podría aceptar una nueva creencia: «Puedo cambiar mi futuro y lograr grandes cosas».

El punto clave aquí es que si quieres cambiar tu creencia, tienes que *refutar tu creencia actual encontrando suficientes evidencias para apoyar la creencia que deseas adoptar.* Siempre hay casos de la vida real que te ayudarán a hacerlo.

Repetir afirmaciones

Al final, lo que verbalizas se materializa. Tienes el poder
de crear facetas de tu realidad con tus palabras.

No subestimes el poder de las afirmaciones. Las afirmaciones son frases positivas que exponen lo que deseas lograr. El simple hecho de repetir continuamente una idea, con gran convicción, crea una creencia profunda en nuestro subconsciente de que lo que afirmas es cierto.

Esto lo vemos a diario en nuestra sociedad. Nos inculcan ciertas ideas sobre la vida y nos las repiten una y otra vez. Por ejemplo, una madre que constantemente le dice a su hijo que es tímido reforzará esta impresión en su mente. Puede que el niño no sienta timidez. Pero, tras repetir esta idea una y otra vez, podría empezar a creerlo. Por consiguiente, llegará a ser tímido; las palabras de la madre se convierten así en una profecía autorrealizada.

Una vez más, esto me lleva a resaltar la importancia de rodearte de personas que te aporten ideas estimulantes. Eso no quiere decir que solo debas tener amigos que te digan cosas buenas. Pero sí que tienes que rodearte de gente que te apoye, no que te hunda.

*Si te siguen diciendo que no puedes hacer
algo, llegarás a creerte que no puedes.*

La repetición de afirmaciones es un proceso consciente. Es el acto de enviar instrucciones a tu mente subconsciente. Una vez que siembres estas creencias, tu mente subconsciente hará todo lo posible para que den fruto. Es como escribir las instrucciones de un programa de informática para que el ordenador realice alguna función. Una vez que has introducido las líneas de código, el programa se ejecuta automáticamente para obtener el resultado deseado.

Por mi propia experiencia sé que repetir una frase que no consigo convencerme de que es cierta no sirve para nada. Volviendo a mi ejemplo sobre el cambio de creencias, no bastaba con que me dijera a mí mismo que podía cambiar mi futuro y conseguir logros importantes. Tenía que encontrar *pruebas* que demostraran que podía desafiar racionalmente mis viejas creencias.

Lo mismo hay que hacer antes de afirmar las ideas, para que tu mente no rechace estas afirmaciones. Esta es una manera mucho más eficaz de usarlas. Añadirles veracidad a las afirmaciones antes de repetirlas las hará más poderosas.

Mantener una alta vibración es importante en cualquier momento de tu vida, y creo que si puedes repetir tus afirmaciones cuando te sientas bien, tendrán más fuerza. De todos modos, sea cual sea tu estado de ánimo, las afirmaciones pueden elevar tu vibración. Decir algo en voz alta como si de verdad lo pensaras puede cambiar por completo tu estado de ánimo.

Formula las afirmaciones empleando tus propias palabras. Dilas en voz alta, como si le estuvieras contando algo a un amigo. Refiérete solo a lo que quieres que suceda, no a lo que no deseas. A menudo, aquello a lo que nos resistimos persiste, ya que la energía que emitimos para evitarlo también regresa a nosotros. Así que, por ejemplo, en lugar de: «Ya no estoy nervioso», podrías decir:

«Tengo una gran confianza en todo lo que hago». Otra cosa: enuncia siempre las afirmaciones en tiempo presente.

Cuando actúas como si ya hubieras alcanzado
tu meta, tu mente subconsciente cree que
es así y actúa en consecuencia.

Tú decides la cantidad de tiempo que quieres dedicar a hacer las afirmaciones. Entre dos y cinco minutos al día es un período razonable. Sin embargo, la emoción con la que lo hagas es más importante que el tiempo, así que dilo como si fuera totalmente cierto.

El poder de las palabras

Las palabras pueden herir, ayudar o curar. Todo lo que escribes y dices tiene poder. Tu mensaje es importante; sé inteligente al elegirlo.

En la pasada década de los noventa, el doctor Masaru Emoto llevó a cabo experimentos innovadores sobre el impacto de la energía emocional en el agua.[11] En un estudio, escribió palabras positivas y negativas en recipientes llenos de agua. Luego congeló muestras del agua de cada recipiente.

Una de las palabras negativas era *tonto*, mientras que una de las positivas era *amor*. El doctor Emoto pensó que si nuestras palabras son energía y el agua absorbe la energía, entonces seguramente las palabras afectarían al agua de alguna manera.

Tenía toda la razón. El agua que había sido expuesta a palabras positivas formó hermosos cristales de hielo. Las palabras *amor* y *gratitud* eran las que formaban las más impresionantes. Por el contrario, el agua expuesta a las palabras negativas creaba patrones poco atractivos con formas distorsionadas. Encontró los mismos resultados al comunicar verbalmente las palabras a diferentes contenedores de agua. Estaba claro que nuestras palabras llevan una vibración.

Como mencioné en la segunda parte de este libro, nuestros cuerpos están compuestos principalmente de agua. Ahora imagina cuánto nos pueden afectar nuestras palabras.

Establece tu intención

Si no estás seguro de lo que quieres, acabarás con
un montón de cosas de las que no estás seguro.

A ntes de luchar por tus objetivos, has de tener claro lo que quieres. No puedes conseguir algo de lo que no estás seguro. No se te ocurriría ir a un restaurante y decir: «Creo que quiero un curri vegetal», cuando hagas tu pedido. O lo quieres o no lo quieres.

Si tu intención no está clara, esto se reflejará en los resultados. Imagínate que el camarero te pregunta cómo de picante quieres el curri vegetal y le contestas que no estás seguro. Podrían poner cualquier cantidad de especias. Si luego te resulta demasiado picante, la culpa será tuya por no haber dado unas instrucciones claras.

Lo más importante es establecer el objetivo adecuado. Tiene que reflejar lo que de verdad quieres, no lo que supones que *deberías* querer. Durante muchos años, lo que creía no era en realidad algo que quisiera sino únicamente algo con lo que pretendía impresionar a los demás. A veces lo conseguía y en esos momentos me sorprendía de no sentirme satisfecho.

Tus metas deben reflejar quién eres. Tienen que ser eso que tienes en mente a todas horas que sabes que mejorará tu calidad de vida. No hay nada malo en tener deseos materialistas; solo quien ha trascendido completamente el ego carece de ellos. Sin embargo, tus metas deberían significar mucho para ti. Por ejemplo, alguien podría querer una casa más grande para criar a una familia numerosa y poder compartir buenos momentos juntos. Este objetivo tiene mucho más significado que el de querer una casa más grande solo para mostrar lo rico que eres.

En cuanto tu intención esté clara, el universo obrará de una forma milagrosa. Cuando expresamos lo que queremos, el proceso de manifestación se pone en marcha y las cosas comienzan a desplegarse a nuestro favor. Nuestros sueños cobran vida.

J. Cole es un famoso rapero, escritor y productor estadounidense que anteriormente trabajó en la publicidad y en el cobro de deudas. En una entrevista de 2011, afirmaba que tras ver la película del rapero 50 Cent *Hazte rico o muere intentándolo*, se sintió inspirado a hacerse una camiseta con la contundente frase: *Trabaja con Jay-Z o muere intentándolo*. Pensó que podría tomar un camino y convertirse en rapero si antes llamaba la atención como productor. Quería crear una vía para alcanzar su objetivo principal, y por eso diseñó la camiseta.[12]

Vistió esa camiseta con la esperanza de que alguien del mundillo de la música o el propio Jay-Z lo descubriera. Sin embargo, pasaron varios años, en los que siguió adelante con su objetivo definido, una gran ética de trabajo y mucha confianza en sí mismo, hasta que le sucedió algo asombroso: Jay-Z se puso en contacto con él. Más tarde Cole firmó por su sello discográfico Roc Nation. Desde entonces, ha rapeado con Jay-Z en varios temas que ha producido él mismo.

Escribe tus metas

*Eres el autor de tu futuro. Escribe sobre
lo que deseas y vive tu historia.*

Una vez leí que si escribes tus metas, es más probable que
se hagan realidad. Estaba intrigado, y decidí investigarlo.
Comencé a desentrañar todas estas increíbles estadísticas a
partir de estudios e historias extraordinarias de gente que alcanzó
sus metas años después de haberlas escrito.

Un ejemplo conocido es el del *quarterback** de fútbol america-
no profesional Colin Kaepernick. Cuando estaba en la escuela, se
escribió una carta a sí mismo en la que predijo con bastante precisión que llegaría a ser jugador de fútbol profesional, para qué equipo jugaría e incluso su peso y estatura.[13] Colin no tiene poderes
psíquicos; solo sabía lo que quería, y fue específico sobre su visión
para el futuro. Con el tiempo sus ideas se hicieron realidad.

Cuando escribes tus metas, conviertes tus intenciones en algo
tangible. Defínelas en detalle, y esto te ayudará a mantenerte concentrado para no perder el rumbo.

---

* N. del T.: En algunos países hispanoamericanos se llama *mariscal de campo*.

He tenido mucha suerte a la hora de escribir mis metas. En el pasado he escrito detalles muy concretos sobre mis objetivos y se han manifestado exactamente tal y como los escribí. La forma en que escribo mis objetivos es bastante específica. A continuación, voy a compartir estos detalles contigo para que tú también puedas hacer uso de este método.

Escribe tus metas a lápiz o bolígrafo

El acto de escribir tus metas en papel, en lugar de en una pantalla, crea lo que me gusta pensar que es una impresión mágica en tu mente. Cuando relees estas metas, de tu puño y letra, esta impresión en la mente se acentúa y les da mayor fuerza a tus metas.

Sé sincero

Escribe exactamente lo que deseas. No te limites ni las escribas de la manera que creas que es la «correcta». Si tus metas son ambiciosas, está bien. Pensar a lo grande significa que estás abierto a recibir a lo grande.

Escríbelas en tiempo presente

Al igual que con las afirmaciones, escribe tus metas en tiempo presente, como si ya las hubieras logrado, por ejemplo: «Soy un gran matemático» (si eso es lo que quieres llegar a ser). Tu mente subconsciente elegirá el camino de menor resistencia para manifestar tus metas.

Formúlalas en positivo

Recuerda que has de escribir siempre tus metas desde una posición positiva: concéntrate en lo que quieres, no en lo que no quieres.

Escríbelas en tus propios términos

Escríbelas exactamente como las dirías. No necesitas usar un lenguaje sofisticado. Eres tú y solamente tú quien debe entenderlas. Escríbelas de manera que te conectes fácilmente con ellas y no haga falta que tengas que traducirlas a tu lenguaje.

Sé concreto

Anota todos los detalles que puedas. Cuanto más claro sea el objetivo, más claro será el resultado. Recuerda, la mente subconsciente trabaja a partir de un conjunto de instrucciones, y cuantas más detalladas sean las instrucciones que le proporciones, mejor será el resultado.

Si es posible, escribe tus metas sin pensar en un plazo de tiempo. De lo contrario, cuando la meta no se alcance en el plazo en que esperabas que lo hiciera, podrías desanimarte y volverte inseguro, lo cual disminuye tu vibración y aleja la meta de ti. Sin embargo, si te motiva la presión, una fecha límite podría ayudarte a entrar en acción. Tú decides: si fijar un plazo te resulta útil, establece uno. Si no, no lo hagas.

Fíjate metas que te sientas seguro de poder conseguir. La mejor manera de crear confianza es empezar por metas más pequeñas. Una vez que las alcances, estarás seguro de que también lograrás otras más grandes.

Cuando hayas identificado y escrito tus metas, dilas en voz alta todos los días. Si necesitas modificarlas ligeramente, hazlo. Sin embargo, cambiarlas de manera radical y con frecuencia es casi como plantar una nueva semilla cada vez, tenlo en cuenta. Has de saber lo que quieres.

Imagínate como si lo estuvieras viviendo

Lo que se vuelve real en tu mente
se hará realidad en tu vida.

Visualizar es crear una experiencia o intención en tu mente, antes de tenerla en tu vida.

La gran estrella internacional Arnold Schwarzenegger ha hecho varias referencias a la visualización de sus objetivos antes de alcanzarlos. Michael Jordan, el legendario jugador de baloncesto, afirma que visualizó el tipo de jugador que quería ser antes de tener éxito. De hecho, los mejores atletas suelen utilizar la visualización. Uno de los mejores jugadores de tenis de la historia, Roger Federer, dice que la utiliza en su régimen de entrenamiento. Estos deportistas están entrenando y actuando a la perfección, en su mente.

Los psicólogos Alan Budley, Shane Murphy y Robert Woolfolk sugieren en su libro de 1994 que el rendimiento mejora con la práctica mental en comparación con no practicar físicamente y no hacer nada.[14] Los patrones cerebrales que se activan cuando nos *imaginamos* una acción son muy similares a los que se activan cuando realizamos físicamente la acción, por lo que la visualización puede realmente entrenar el cerebro para la competición.

Cuando visualizamos lo que deseamos, no solo nos alineamos para vibrar en la misma frecuencia que el objeto de nuestra visualización, sino que también influenciamos nuestra mente subconsciente de la misma manera que lo hacemos con las afirmaciones.

El cerebro y el sistema nervioso no pueden diferenciar entre lo que es real y lo que se imagina.

Podemos sacarle partido a esto. Si nuestro cerebro cree que las ideas que le estamos dando son verdaderas, entonces nuestra vida comenzará a reflejar eso también. Si te imaginas tener más confianza de la que tienes actualmente y tu cerebro piensa que es verdad, ¡te sentirás más seguro!

Utiliza los sentidos

Al hablar de visualización como un proceso, no me refiero a la creación de simples imágenes mentales. Tienes que crear escenas, no imágenes. En esas escenas deben participar todos tus sentidos: el gusto, la vista, el tacto, el olfato y el oído.

Recrea en tu mente todos los detalles que puedas. Por ejemplo, si quieres un coche nuevo, no te limites a imaginarte el coche. Entra en él, condúcelo. Imagínate la sensación de conducirlo, el sonido del motor, la visión de otros coches en la carretera, la temperatura del aire a tu alrededor, etc. Vive la experiencia como si de verdad estuviera ocurriendo en ese preciso momento. Sé creativo con tus escenas. Dales vida, brillo, colorido, auméntales el sonido y el tamaño. Solo necesitas cerrar los ojos y empezar a crear.

Es importante crear una escena que te haga sentir bien. Tu imaginación debe evocar emociones positivas, y esto requiere mucha concentración, así que hazlo siempre en un lugar tranquilo donde puedas relajarte y distanciarte de cualquier distracción.

Cuando uso esta técnica, recibo la confirmación de que lo estoy haciendo bien cuando empiezo a sentir un pequeño hormigueo. Es decir, tengo la sensación de que realmente está sucediendo, y eso me llena de entusiasmo.

Si te cuesta trabajo crear imágenes en tu mente, hay cosas que pueden ayudarte. Los murales de los deseos son muy populares. Reúne imágenes y recortes que muestren lo que quieres manifestar y fíjalos en un tablero. Esto te ayudará a aclarar tus metas, y además puedes colocar el mural en un lugar bien visible de la casa para mantenerte enfocado en tus intenciones.

Me gusta contar con un mural de los deseos y practicar la visualización. No tengo un tablero físico, pero colecciono imágenes en una página web personal y trato de pasar unos minutos viéndolas todos los días. A mí me ha funcionado. Incluso manifesté mi propuesta de matrimonio ideal a mi compañera de vida reuniendo en Pinterest, una plataforma popular de murales de los deseos, imágenes de cómo quería que fuera.

Cuando era adolescente, solía producir música como *hobby*. Era un gran fan de un grupo llamado So Solid Crew, uno de los mejores grupos de la época. Mandé que me imprimieran su logo en mi estuche de lápices. En clase, soñaba despierto con colaborar con ellos.

Uno o dos años después, un miembro de So Solid Crew, conocido como Swiss, lanzó un álbum llamado *Pain 'n' Muziq*. Me enamoré locamente de ese disco y lo escuchaba día y noche. Me ponía en trance y me imaginaba trabajando con Swiss y creando juntos una música genial.

Lo increíble es que no pasó mucho tiempo hasta que tuve la oportunidad de hacer una colaboración con Swiss por medio de uno de mis mentores, un artista musical llamado Clive, que era amigo suyo. Al final, los tres colaboramos en algunas canciones, antes de que Swiss y yo trabajáramos juntos.

El universo te apoya

*No te preocupes por cómo va a suceder, porque
si lo haces, empezarás a crear limitaciones. Solo
asegúrate de tener claro lo que quieres y el
universo entero se reorganizará para ti. Cualquiera
que sea el camino en el que te encuentres
ahora mismo, te apoyará. Te proporcionará las
señales para llegar a donde quieres estar.*

El poeta del siglo XIII Rumi escribió: «El universo no está fuera de ti. Mira en tu interior; todo lo que quieres, ya lo eres». Rumi también habría estado de acuerdo en que la única razón por la que el universo podría no ayudarte es que no estuvieras en sintonía con él. El universo ya existe dentro de ti, pero si tu vibración no es lo suficientemente elevada, no lo percibes. Sin embargo, puedes sacarlo a la luz por medio de tus palabras, acciones, emociones y creencias.

El universo te ayuda a crear, o mejor dicho, a traer posibilidades a tu realidad. Te manda señales para que las sigas e ideas para que las lleves a cabo. De ti depende responder.

Podrías decidir que tu meta es trabajar por tu cuenta en algo que te guste. Entonces un día te viene a la mente una idea específica, como vender tus recetas de cocina en Internet. Si no crees mucho en ella, seguramente no harás nada al respecto; es probable que la descartes como un pensamiento pasajero.

Puede que en las semanas siguientes, empieces a ver *bloggers* que comparten sus recetas culinarias. Te parecerá una coincidencia, así que seguirás ignorando las señales y dedicarás tus esfuerzos a otras cosas. Pero al ignorar las señales, quizá estés perdiéndote todo lo que quieres. A veces, ignoramos las señales porque creemos que tenemos que lograr nuestras metas de una manera determinada.

La verdad es que lo único que quería era utilizar mis habilidades creativas para aportarle algo al mundo y, por supuesto, para vivir desahogadamente. Creía que la única vía para esto era la ropa. En el momento en que dejé ir la idea de cómo iba a suceder, empecé a poner en práctica otras ideas. Pensamientos aparentemente casuales me llevaron a donde estoy ahora. Confío en a dónde me llevarán después, sabiendo que me acercarán al lugar donde quiero estar.

En la actualidad, cuando nos encontramos con expresiones como *la ley de la atracción*, damos por hecho que los sueños se manifiestan sin que hagamos nada. Pero hay que actuar, hay que poner en práctica los pensamientos e ideas que se nos ocurren; la inspiración que nos envía el universo. Son empujones que nos dicen: «¡Ven por aquí! ¡Prueba esto!».

La intención sin acción no es más que un deseo. Las metas solo cobran vida cuando haces algo por alcanzarlas. El universo siempre te apoya, pero has de estar dispuesto a poner de tu parte en el proceso de manifestación.

SEXTA PARTE

Cómo alcanzar tus metas:
la acción

Introducción

Lo importante no es el punto en el que te encuentras,
sino lo que estás haciendo al respecto.

C reo en tomar impulso y actuar para conseguir cualquier objetivo que uno tenga. No hay que confundir esto con dar grandes pasos; se puede avanzar a pasitos. Sin embargo, siempre es bueno poner todo tu empeño al hacer algo.

Por ejemplo, si lo que quiero es ser el mejor músico del mundo, no tengo que tratar de llenar estadios de inmediato. Podría empezar por componer una canción. Es un pequeño paso en la dirección correcta.

Al mismo tiempo, pondría lo mejor de mí en la canción. Me aseguraría de escribir una letra preciosa y de cantar lo mejor que pudiera. Quizá eso significaría tener que dedicarle más tiempo, o aprender nuevas habilidades, pero todo esto sería invertir en mi futuro: en mi sueño.

Muchos tenemos siempre a mano una serie de excusas para explicar por qué no se puede conseguir algo. A menudo, la gente te contará sus dudas o te explicará que carece de tiempo, experiencia, recursos, dinero, etc. Pero cuando de verdad queremos algo con todas nuestras fuerzas, realizamos sacrificios en otras áreas para hacerlo posible. Me he dado cuenta de que no es necesario tener mucho tiempo libre para alcanzar un sueño. Lo mismo ocurre con el dinero y otros recursos. Lo que hace falta es tener una imagen clara del objetivo, creer en él y dedicarse en serio a luchar para conseguirlo. Si sigues actuando, descubrirás cómo hacerlo.

Es posible que no queramos sacrificar nuestros lujos ni esforzarnos duramente para lograr el resultado deseado. Nos negamos a abandonar nuestra comodidad. Aceptamos la mediocridad y al mismo tiempo nos quejamos de ella. Sin embargo, de esta manera, ese resultado permanecerá fuera de nuestro alcance. «No estoy preparado», decimos. Pero ¿cuándo vas a estarlo? A sir Richard Branson le diagnosticaron dislexia de niño. Dejó la escuela a los dieciséis años y lanzó una revista. A los ojos de la mayoría de la gente, apenas estaba «preparado». Sin embargo, estaba motivado.

No sabía nada de aviones, pero aun así creó Virgin Atlantic. Además de acumular un increíble patrimonio neto, el grupo Virgin de Richard Branson incluye más de cuatrocientas empresas. Hoy en día está tan motivado como cuando tenía dieciséis años. No es alguien con suerte; a lo largo de su vida ha realizado un sinfín de malas inversiones. Solo es alguien que cree en sus sueños y actúa en consecuencia.

El cambio requiere acción

Una vez necesitaba dinero para saldar una deuda. Elevé mi vibración y me aseguré de que me sentía bien. Pero no hice nada. Solo esperaba que el dinero viniera a mí.

En aquella época, me tocó un reloj en un concurso por Internet. No solía participar en concursos porque nunca había ganado nada antes, pero me sentía optimista y por eso me apunté. Estaba agradecido de haber ganado el reloj, pero no era lo que necesitaba en ese momento. Necesitaba dinero.

Empecé a desanimarme, porque el tiempo pasaba y el dinero que necesitaba no aparecía. Estaba seguro de que iba a llegarme, así que ¿por qué no venía? Pues, fíjate, no me había dado cuenta de la oportunidad que el universo me brindaba para actuar. Había ganado un premio y no pensaba que me sirviera para lo que quería. Y, sin embargo, ¡podía venderlo! En cuanto me di cuenta de mi error, vendí el reloj y obtuve el dinero que necesitaba para pagar mi deuda.

A veces, los pasos hacia tu meta vienen disfrazados de oportunidades para actuar. Si no actúas, perderás la recompensa. Esperar que el cambio ocurra sin que tú cambies nada es como hacer día tras día una tarta de chocolate y frambuesa exactamente de la misma manera y esperar que de pronto se convierta en una tarta de chocolate y fresa. Si no le agregas fresas en lugar de frambuesas, ¡cómo va a cambiar! Parece una tontería y una obviedad, ¿verdad? Pero muchas personas pasan por sus vidas esperando un cambio mientras hacen las mismas cosas todos los días. Crean toda esta energía positiva a través de sus pensamientos, palabras y emociones; sin embargo, no hacen nada, y «no hacer» tiene también su propia vibración.

El camino fácil

Creo que mucha gente sabe lo que tiene que hacer, pero aun así no lo hace. Se justifican o buscan una solución más fácil porque creen que la verdadera solución lleva demasiado tiempo. Algunos prefieren usar su energía para encontrar una manera de conseguir el mismo resultado con menos esfuerzo. Trabajar de forma más eficiente es fundamental para una buena productividad, pero incluso encontrar esa manera más eficiente de trabajar requiere bastante esfuerzo. Hemos de aceptar la idea de que a veces hay que hacer las cosas de la manera *difícil*.

Por ejemplo, si quieres perder peso, tienes que crear un déficit de calorías, ya sea aumentando la actividad física, mejorando tu dieta o ambas cosas. La mayoría de las personas saben que necesitan hacer esto, pero no se comprometen a hacerlo. En lugar de eso, buscan una píldora mágica u otro atajo para resolver su problema. Dedican una cantidad excesiva de tiempo, energía y dinero a probar diversas curas milagrosas, cuando podrían haber logrado mucho más si sencillamente hubieran decidido esforzarse un poco.

Otros, en esta situación, no hacen nada en absoluto. Quieren adelgazar y se quejan de su peso, pero no actúan. La mayoría de la gente diría que son perezosos. Pero los seres humanos solemos actuar así por dos motivos: el primero es que simplemente no creemos que podamos lograr los resultados que queremos, y al pensar eso, nos damos por vencidos enseguida. El segundo motivo es que nos cuesta mucho esforzarnos por conseguirlo. Si el proceso para alcanzar ese resultado nos resulta demasiado complicado, preferimos no hacer nada. La idea de ir al gimnasio o comer de forma saludable puede parecernos mucho más penosa que la de seguir como estamos. Por eso no actuamos. Preferimos conformarnos con otras opciones más fáciles y cómodas, aunque sin dejar a un lado la comodidad no suele haber crecimiento.

Desgraciadamente, muchos esperan hasta que no les queda más remedio que cambiar. Es decir, hasta que ven que su situación es peor que cualquier cosa que haya que hacer para obtener lo que desean. Un dolor y una presión insoportables pueden forzar los grandes cambios. Por esa misma razón algunos aguantan una relación tóxica hasta que llega al punto de la ruptura. La idea de quedarse sin pareja puede parecerles más horrible que soportar una relación abusiva.

Si de verdad quieres conseguir algo, actuarás. Pero no esperes a ver todo lo que eres capaz de aguantar para ponerte manos a la obra. Así solo retrasarás los resultados del proceso de consecución de tus metas. Empieza a preguntarte cuánto te importa alcanzarlas. ¿Tu deseo de conseguirlas es más fuerte que el miedo al proceso para obtenerlas?

Sal de la comodidad y enfréntate a tus miedos. El crecimiento se produce cuando tienes problemas, no cuando te sientes cómodo.

La constancia produce resultados

*Cuando nos esforzamos por alcanzar nuestras
metas hemos de ser constantes.*

Imagínate que quieres desarrollar masa muscular, así que adquieres un plan de entrenamiento y nutrición de tres meses creado por un entrenador personal. Luego sigues el cincuenta por ciento de las instrucciones, pero al cabo de un mes te das cuenta de que no estás obteniendo los resultados que esperabas. Podrías llegar a la conclusión de que el plan no funciona. Por otro lado, podrías pensar en seguir el plan completo, pero tras dos o tres semanas observas que no se ven resultados. También aquí dirías que no funciona. En ambos casos, sencillamente te rindes.

Si solo realizas el cincuenta por ciento del plan, no puedes esperar más del cincuenta por ciento de los resultados. Si no eres constante en lo que haces, no puedes dar por hecho que conseguirás los resultados finales que esperabas. Yo mismo hice una serie de ejercicios en casa. Era un programa de dos meses y al cabo de un mes no veía ningún resultado que me entusiasmara. A pesar de esto, me prometí a mí mismo seguirlo hasta el final. Me alegro de haberlo hecho: hacia el final del segundo mes había reducido unos siete centímetros de cintura.

Lo mismo ocurre con la meditación, las afirmaciones, las visualizaciones y cualquier otra práctica positiva. Si quieres cosechar beneficios, tienes que practicar con regularidad y seriedad. Comprométete. Siendo constantes, podemos crear hábitos que dan forma a nuestras vidas.

La falta de tiempo no es una excusa. Si no puedes dedicarle tiempo a algo, es que no es lo suficientemente importante para ti. Si algo te importa de verdad, sacarás tiempo de donde sea.

Somos lo que hacemos repetidamente. La excelencia no es un acto, sino un hábito.
ARISTÓTELES

La leyenda del fútbol David Beckham era famoso por sus increíbles tiros libres. Cada vez que se acercaba para lanzar uno, el público tenía el convencimiento de que marcaría un gol.

Beckham no se convirtió de la noche a la mañana en un maestro de los tiros libres. Practicó una y otra vez. No practicó hasta lanzarlos bien, sino hasta que no podía lanzarlos mal. Por más goles que marcara, no dejaba nunca de practicar. La repetición crea el hábito.

No todo funcionará, o se te dará bien. Es fundamental que revises tus métodos y te adaptes al cambio. Si has intentado algo en serio pero sigues sin hacer progresos, quizá sea señal de que necesitas probar un nuevo enfoque. Déjate guiar por tu intuición. ¡Cuando sientes que algo falla, por lo general tienes razón!

¿Corriente o extraordinario?

La diferencia entre corriente y extraordinario
es sencilla: las personas extraordinarias son las
que consiguen hacer las cosas incluso cuando
no tienen ganas de hacerlas, porque están
totalmente comprometidas con sus objetivos.

Cuando luchas por una meta que te apasiona, es natural que te sientas motivado para alcanzarla. Si el proceso no te resulta agradable, quizá tendrías que replantearte en qué estás invirtiendo tus esfuerzos.

Eso no quiere decir que no vayas a tener días malos, por más concentrado que estés en tu meta. Si mantienes una vibración elevada o te esfuerzas por elevarla, recuperarás fácilmente la motivación, pero si no tienes el ánimo adecuado, la perspectiva de tener que luchar puede disminuir tu vibración.

Mantener la motivación no siempre es fácil, especialmente después de un contratiempo o en un día desagradable y sombrío. La motivación va y viene. La baja motivación podría indicar que te hace falta tomarte un descanso para recargarte, o que necesitas salir y buscar inspiración.

Si *aun así* no te sientes motivado, procede de todos modos y disponte a hacer lo que tienes que hacer. No esperabas que dijera eso, ¿verdad? Quizá no suene muy atractivo, pero la experiencia me ha enseñado que este comportamiento —este coraje— es una diferencia clave entre lo corriente y lo extraordinario. Se trata del compromiso. Cuando no quieres levantarte de la cama en las primeras horas de la mañana, o cuando no te apetece nada ir a esa reunión en la otra punta de la ciudad, ¡lo haces de todos modos! Reconoces que el esfuerzo valdrá la pena por las recompensas que obtendrás luego.

Pese a que escribir me apasiona, admito que me he quejado de algunas de las tareas que implica la creación de este libro. Algunas me han parecido extremadamente tediosas, pero incluso mientras escribo esto, estoy enfocado en conseguir resultados.

Las cosas siempre son más fáciles cuando estás de humor para hacerlas, pero si quieres vivir mejor que la mayoría de la gente, tienes que hacer el mismo esfuerzo incluso cuando no lo estás.

La postergación
demora tus sueños

L a dilación es un hábito. Si la tarea que tienes por delante te parece tan abrumadora que no sabes ni por dónde empezar, la aplazarás una y otra vez; tal vez elijas una distracción que te resulte más favorable o cómoda. Es importante eliminar este hábito si quieres alcanzar tus metas. Hazlo antes de que la postergación destroce tus sueños.

Algunos comportamientos de los procrastinadores crónicos son:

- Aplazar las cosas hasta una fecha posterior o hacerlas en el último minuto.
- Realizar las tareas menos urgentes antes que las urgentes.
- Distraerse antes de hacer algo o mientras lo hacen.
- Enfrentarse a las cosas solo cuando son inevitables.
- Alegar que no tienen tiempo para hacer algo.
- Esperar el momento o el estado de ánimo adecuado para hacer algo.
- No terminar las tareas.

¿Te suena? Los procrastinadores evitan todo lo que requiere acción. Algunos de nosotros hacemos cualquier cosa excepto lo que necesitamos hacer para estar en sintonía con nuestras metas. Por ejemplo, cuando va a escribir un ensayo para el que tiene una fecha límite, un procrastinador puede navegar primero por Internet y perder un tiempo precioso.

No solo postergamos las pequeñas tareas, sino también nuestras metas más importantes. Malcom, el cliente al que asesoraba mi amigo Tony, es un claro ejemplo de alguien que dejaba las cosas para más tarde antes de actuar para conseguir realizar sus sueños. Malcolm tenía miedo, no quería salir de la comodidad y la seguridad, y era excesivamente analítico. Estos son rasgos comunes en los postergadores crónicos. Estas características lo llevaron a desviarse del camino para alcanzar sus metas.

La historia con Malcolm comenzó cuando fue por primera vez a ver a Tony para pedirle apoyo para conseguir su objetivo, algo que realmente quería: comenzar su propio negocio. Necesitaría una dedicación a tiempo completo, lo que significaba que tendría que dejar su trabajo actual.

Lo que le daba miedo a Malcolm era lo que no podía entender, es decir: cómo conseguiría un ingreso viable con su idea de negocio. Le faltaba confianza en sí mismo. Dudaba de su propio potencial y no quería sentirse incómodo poniendo en peligro su estilo de vida actual. Se decía a sí mismo que aquello no era realista, por eso no se esforzaba por dedicarse a lo que le apasionaba.

Una vez que Tony puso a Malcolm en el camino para comenzar su negocio, este de repente se convenció de que no tenía suficiente información para ponerlo en marcha. Creía que tenía que investigar más, lo que requería más tiempo. Lo creía porque, de nuevo, temía el fracaso.

Por supuesto, la investigación es fundamental para iniciar un negocio exitoso, por lo que sus intenciones eran razonables. El problema era que tenía toda la información que necesitaba; estaba usando una necesidad imaginaria de seguir investigando como excusa para retrasar la acción. Estaba ansioso por comenzar su propio negocio, y creía que aportaría algo bueno al mundo, pero lamentablemente carecía de la confianza necesaria para dar el salto y empezar.

Tras pasar meses investigando cada detalle de sus planes, Malcolm concluyó que su idea no tenía sentido. La descartó por completo. Se las había arreglado para convencerse de no hacerlo. Esto sorprendió a Tony, porque podía ver que esa idea tenía un gran potencial y que Malcom estaba comprometido con ella.

Pero esto no fue el final. El tiempo pasó y a Malcom lo despidieron de su trabajo. En lugar de buscar otro empleador, decidió invertir el dinero de su despido en su idea de negocio que había estudiado exhaustivamente. Esta vez no tenía otra opción que hacer que funcionara; necesitaba unos ingresos para vivir.

Con un poco de capital con el que trabajar y sin otra opción, Malcolm se decidió por fin a actuar. Su negocio terminó siendo un éxito. Si no lo hubieran despedido e indemnizado, tal vez nunca se habría lanzado. Ahora Malcolm comprende que estaba paralizado por el miedo y piensa que ojalá hubiera comenzado su negocio antes.

> *No hace falta tenerlo todo resuelto. Cuanto más creas que eso es necesario, más pospondrás la acción y temerás seguir adelante. Ten valor y empieza ya, aunque sea poco a poco. ¡Solo tienes que lanzarte!*

Cuando veas que estás procrastinando, es importante que crees una estrategia para superarlo. Con objetivos más pequeños, como escribir un ensayo, es fácil hacerlo, pero es más complicado con objetivos más grandes, como crear un negocio por Internet que tenga éxito.

Así que divide tus metas. Los grandes objetivos pueden ser abrumadores, y es difícil imaginar cómo cruzarás la línea de meta. Es más eficaz establecer objetivos más pequeños y priorizarlos por orden de urgencia.

Si los objetivos te siguen pareciendo grandes después de haberlos dividido, sigue dividiéndolos.

Si puedes alcanzar metas más pequeñas, aumentará tu confianza en ti mismo con respecto a las metas más grandes. Incluso si estás tratando de conseguir dinero, comienza por convertir tu meta en una fracción de la cantidad deseada. Por lo tanto, si el objetivo es tener diez mil euros, trabaja para conseguir cien euros para empezar. Después de ganar cien euros, puedes intentar ganar otros cien más hasta que alcances el importe objetivo.

En el cuerpo tenemos cuatro tipos de hormonas que nos hacen sentir bien: dopamina, serotonina, oxitocina y endorfina. La dopamina, en particular, nos anima a tomar medidas para alcanzar nuestros objetivos y nos proporciona sensaciones de placer cuando los alcanzamos. Cuando nos falta entusiasmo por una tarea, significa que nuestros niveles de dopamina están bajos.

Una forma de superar esto es dividir las metas grandes en otras más pequeñas. Cada vez que logres alcanzar una meta tu cerebro lo celebrará liberando dopamina. Esto te animará a actuar para conseguir el resto de tus objetivos.

Si tu meta final es urgente, asegúrate de que cada meta más pequeña tenga una fecha límite. Solo podrás alcanzar grandes metas en el momento en que debes hacerlo si consigues las más pequeñas en el plazo que has fijado para ellas.

Si todavía te cuesta vencer la procrastinación, prueba las siguientes técnicas:

1. **Deshazte de todas las distracciones posibles, aunque esto signifique cambiar tu entorno.** ¿Alguna vez has tenido hambre y has terminado comiendo algo malo para la salud solo porque estaba ahí? Si no estuviera ahí, la tentación no existiría. Las cosas fáciles de conseguir nos distraen.

2. **Date un premio por completar la tarea.** Por ejemplo, puedes decirte a ti mismo que te das permiso para reunirte más tarde con tus amigos si terminas lo que tienes que hacer. Esto te ilusionará y te motivará a actuar.

3. **Tómate descansos para hacer algo agradable.** Todos necesitamos un descanso cuando trabajamos, pero asegúrate de establecer un período de tiempo determinado. Si deseas ver un nuevo episodio de una serie, programa un tiempo para verlo y no lo excedas.

4. **Sé creativo.** Haz que tus tareas sean más atractivas. Con actividades que no requieran mucha concentración, puedes poner música de fondo. Esto elevará tu vibración. Cantar puede hacer que la actividad sea aún más placentera.

5. **Obtén ayuda si es necesario; nunca tengas miedo de pedirla.** Habla con alguien que recientemente haya logrado una meta similar a la tuya. Esto puede proporcionarte una inspiración muy necesaria y ofrecerte una orientación valiosa.

6. **«Castígate» si no cumples.** Por ejemplo, podrías acordar que si hoy no vas al gimnasio, no podrás ver televisión durante toda la semana. Para asegurarte de que no te retractas, díselo también a los demás. Esto me lleva a mi último punto...

7. **Anuncia tus intenciones a algunos amigos de confianza.** Esto hará que te sientas responsable; ellos sabrán si no te atienes a tus planes, e incluso podrían darte un pequeño empujón para asegurarse de que hagas lo que te has propuesto hacer.

La sociedad de las
soluciones inmediatas

C uando persigues una meta has de tener paciencia. Tus deseos pueden tardar en cumplirse. Si crees que estás haciendo todo lo que está en tu poder para conseguir lo que deseas, a veces solo es necesario un poco de paciencia. Acepta el presente tal como es y mantente optimista ante los retrasos, reveses o desafíos.

El tiempo es el bien más preciado con el que contamos. Cuando el tiempo pasa, se va para siempre. Esta es la razón por la que a menudo las empresas que ahorran tiempo a sus clientes prosperan. Sin embargo, aunque estas empresas pueden mejorar significativamente nuestras vidas, también han contribuido a la creación de una sociedad de soluciones inmediatas.

Esta sociedad exige soluciones instantáneas. Esperamos que las cosas se hagan enseguida. Queremos obtener el resultado que deseamos con el menor esfuerzo y la menor cantidad de tiempo posibles. En Internet tenemos tiendas de ropa que nos entregan los pedidos al día siguiente; y hay servicios, como el de Amazon Prime, que nos envían todo tipo de productos inmediatamente. Si quieres ver una película o un programa de televisión, puedes entrar en Netflix y elegirlo. Si quieres salir con alguien, solo tienes que pasar por una aplicación de citas. En lugar de cocinar, puedes alimentarte con comidas congeladas que se calientan en el microondas en unos minutos. Ya no hace falta tener paciencia: podemos conseguir lo que queremos sin necesidad de esperar.

No hay nada de malo en darse uno de estos caprichos de vez en cuando, pero nos hemos vuelto impacientes. No queremos esperar, y si tenemos que hacerlo, podemos perder la fe en nuestras intenciones. Damos por hecho que todo debe llegar rápidamente, con un esfuerzo mínimo. No me malinterpretes: si puedes lograr algo estupendo a la velocidad de la luz, fantástico. Es solo que no debes olvidar que en la vida la mayoría de las cosas requieren esfuerzo y paciencia.

Esta vida en la que todo se consigue al instante nos anima a renunciar a nuestras metas cuando no las alcanzamos tan rápidamente como esperábamos, y pasar a otra cosa. Esto nunca será satisfactorio. En muchos casos, no se trata de que no vayas a conseguir tus metas, sino de que no te has esforzado lo suficiente o de que estás esperando que las cosas sucedan inmediatamente. Ten un poco de paciencia.

Conseguirás el trabajo, la pareja, la casa,
el coche, etc. Simplemente no apresures
el proceso; confía en él. Tienes que
crecer hasta alcanzar tus sueños.

Renuncia a un placer a corto plazo por un beneficio a largo plazo

No te estás perdiendo nada importante si
usas ese tiempo para mejorar tu vida.

Hoy en día, tiendo a irme de fiesta solo cuando hay algo que celebrar. Pero desde finales de mi adolescencia y hasta los veintitantos años, iba a muchos clubes. Incluso llegué a volar del Reino Unido a Cancún (México), solo para disfrutar las famosas vacaciones de primavera. Vivía el momento. Esto es importante porque, como hemos visto, solo contamos con el ahora y hemos de disfrutarlo. Pero, cuando tienes metas, siempre hace falta alcanzar un equilibrio saludable entre vivir el hoy e invertir en el mañana.

Cuando trabajaba en una oficina, todos los viernes sentía esa agitación porque sabía que iba a celebrar un fin de semana libre del trabajo. Empezaba a vivir el fin de semana, aunque sabía que la vida era más que eso. El fin de semana era el momento de recompensarme. Me emborrachaba y gastaba el dinero que tanto me había costado ganar en clubes nocturnos. En aquellos momentos, con unas copas encima, me sentía muy bien.

Pero lo que de verdad estaban diciendo mis acciones era esto:

¡Mírame! Trabajo durante horas y horas en un trabajo que detesto, para alguien que no me respeta. Por eso vivo el fin de semana, para celebrar mi libertad y gastar el dinero por el que tanto me he esforzado en sustancias letales envasadas en botellas de lujo. Así, durante un rato, puedo sentirme a gusto con mi vida y escapar de la realidad a la que me enfrento durante la semana laboral e impresionar a quienes podrían encontrarse en una situación parecida.

En el fondo, siempre me preguntaba en qué momento comenzaría a parecerse mi vida a esa visión que tenía de trabajar en mi propio negocio, de hacer algo que disfrutaba. Esperaba que la pura casualidad se encargara de transformarlo todo.

Me quejaba continuamente de que no tenía dinero para dedicarlo a mis sueños. Era irónico, pero sé que el mío no es un caso aislado. La gente suele quejarse de que no tiene tiempo ni dinero para empezar su propio negocio, mientras gasta una cantidad impresionante de tiempo y dinero en actividades de ocio. Hay lugares en los que un solo vaso de una bebida alcohólica cuesta más que un libro. ¿Cuál de estas dos cosas es más probable que te cambie la vida? Invertimos en lo que no debemos, y a menudo, sin ser conscientes, financiamos los sueños de otro. De alguien que se ha esforzado mucho y que ahora está consiguiendo sus metas gracias a tu dinero.

Hay muchísima gente que vive como yo solía vivir. Y si no es en fiestas se gastan el dinero en otras cosas. Es verdad que hay que disfrutar la vida y aprovechar al máximo cada momento. Sin embargo, renunciar a lo que más quieres por lo que te apetece en este momento puede privarte de los verdaderos tesoros de la vida.

Creo que todos tenemos derecho a una vida mejor. Sin embargo, entiendo que muchos no están dispuestos a posponer una gratificación breve en aras de las recompensas que obtendrían a largo plazo. No estar dispuesto a retrasar los placeres temporales puede tener consecuencias muy graves para tu futuro.

La mayoría de la gente vive pensando: «Cuando tenga X, seré feliz», pero esto es un espejismo. No obstante, puedes gozar del presente viviendo de manera consciente, apreciando lo que tienes y transformando tu perspectiva.

Eres libre de tomar tus propias decisiones, pero tienes que enfrentarte a sus consecuencias. A veces debemos sacrificar cosas pequeñas para obtener los regalos más grandes de la vida.

No estoy diciendo que debas reprimir todos tus deseos o dejar de divertirte. Pero sí que has de alcanzar un equilibrio saludable entre el trabajo y el ocio, mientras regulas donde empleas tu tiempo y tu energía.

Fe en lugar de miedo

Tus problemas no se van a arreglar porque te preocupes. Dirige tu atención y tu energía más sabiamente. Solo podrás actuar cuando domines la ansiedad, el miedo y las preocupaciones.

La fe es una elección deliberada que hacemos para mantenernos optimistas. En ocasiones puede ser muy difícil tener fe en tus metas. El miedo te arrastrará y te engañará. Te alejará de toda la grandeza que te corresponde.

El miedo es un mecanismo que nos ayuda a evitar el daño físico o la muerte. Sin embargo, a menudo lo usamos para aferrarnos a la comodidad y evitar los desafíos. Lo utilizamos mal y al final termina obstaculizando nuestro progreso e impidiéndonos desarrollar toda nuestra capacidad. El miedo nos condena a vivir una existencia mediocre, porque nos obliga a huir de nuestro potencial, no de una verdadera amenaza. En nuestra vida diaria nos hace retroceder y controla nuestras decisiones. Usamos nuestra preciosa energía para imaginar todo lo que podría salir mal, en lugar de confiar en lo que podría salir bien. Y esto se refleja en nuestras acciones.

Tanto la fe como el miedo consisten en creer en algo que no puedes ver. Quizá tengas miedo a salir a la calle con el frío porque crees que te vas a resfriar, aunque en ese momento estés sano y sea poco probable que la exposición al frío te cause una enfermedad. Esto es solo un producto de tu imaginación hasta que se manifiesta como algo real.

Continuamente hacemos suposiciones basadas en el miedo. Por desgracia, cuando alimentamos estas suposiciones, terminan formando parte de nuestras vivencias.

El miedo es un estado de baja vibración y por lo tanto produce más de lo que no quieres en tu vida. Al contrario que la fe, deja sin fuerzas a la mente y esto se refleja en lo que sientes. Cuando eliminas el miedo, te sientes mejor. Por ejemplo, es probable que un cirujano sin miedo dude menos y esté más concentrado. Además, puedes tomar decisiones considerablemente mejores, lo que se traduce en un mayor rendimiento.

Reemplazar el miedo por la fe nos anima a hacer lo impensable: nos ayuda a explorar los reinos de la posibilidad. La fe no necesariamente hace las cosas más fáciles, pero sí las hace posibles. Al perseguir tus objetivos, debes tener una fe inquebrantable que permanezca firme cuando te enfrentes a críticas malintencionadas o a giros desafortunados del destino. La fe de la que estoy hablando es la que dice: «Voy a ganar», cuando todo lo que ves a tu alrededor son pérdidas.

A veces solo contamos con nuestra fe, nuestra fe en el hecho de que las cosas van a mejorar. Agárrate a ella y sigue creyendo, aunque seas el único que cree.

Fluir con el universo

*Ábrete a las buenas vibraciones y aprende a dejar
que las cosas fluyan. No hay necesidad de forzar los
resultados. Cuando estés en armonía con el universo,
lo que está destinado a ser tuyo vendrá a ti.*

No hay nadie en el mundo que haya alcanzado todas las metas que se propuso en el preciso momento en que deseaba obtenerlas. Con tu vibración puedes transformar los resultados, pero debes aceptar que las cosas se desarrollan a su propio ritmo y para tu mayor bien, lo que significa que a veces surgirán de una manera que no habías imaginado.

Una vez que aprendas a perfeccionar tus habilidades de manifestación, deberás desapegarte de la meta. Tratar de forzar o controlar el resultado genera resistencia, ya que alimenta el miedo y la duda. Cuando pones tu corazón en algo, solo pueden surgir cosas positivas.

Ahora bien, puede que esto no parezca siempre cierto. Pero recuerda que los rechazos son solo reajustes para dirigirte hacia un destino todavía mejor. Los reveses son pausas para pensar, oportunidades para modificar tus planes y mejorarlos. Y por muy grande que te parezca un fracaso en su momento, siempre lleva consigo una lección que aprender. Solo con fe podemos reconocer el valor de nuestras aparentes caídas. Aquello que queremos con todas nuestras fuerzas suele aparecer cubierto en un envoltorio distinto del que esperábamos.

Aprende a soltar y dejar que las cosas fluyan. Como mencioné al principio de este libro, hay que equilibrar los conceptos de acción e inacción. Tu labor consiste en hacer todo lo que puedas para lograrlo.

SÉPTIMA PARTE

Dolor y propósito

Introducción

La vida no pelea contigo porque seas débil,
sino porque eres fuerte. Sabe que si te
hace daño, descubrirás tu poder.

El gran filósofo griego Aristóteles sostenía que todo sucede por una razón. Esto lo puedes aplicar cuando consideres que cada una de tus experiencias vitales está diseñada para moldearte y ayudarte a convertirte en la versión más elevada y poderosa de ti mismo. Lo que significa que incluso una experiencia negativa se puede ver como una oportunidad de crecimiento, más que como un sufrimiento. (Esto no significa que no debamos afligirnos ni sentirnos deprimidos cuando atravesamos por experiencias dolorosas en la vida, y ten en cuenta que es importante que te des un tiempo para sanar tras pasar por ellas). Si te haces la víctima cada vez que algo sale mal, la vida siempre te tratará como tal. No dejes que tus circunstancias decidan tu futuro.

La frase de Aristóteles provoca reacciones. Hay quienes están de acuerdo y se sienten esperanzados; otros, en cambio, podrían molestarse. Es comprensible que a algunos les resulte irritante: cuando alguien ha pasado por una experiencia horrible, le cuesta mucho encontrar una razón. Solo siente dolor, y si le dices esto, podría pensar que no sabes por lo que está pasando.

No obstante, la mayoría atravesamos, como mínimo, un período de nuestra vida que nos resulta muy duro. Así que podemos identificarnos hasta cierto punto con el sufrimiento de los demás, incluso aunque no lo entendamos del todo, ya que también nosotros nos hemos hundido alguna vez.

A veces tenemos que creer como sea que hay una buena razón para algo, que se nos revelará cuando estemos listos para conocerla.

Uno de mis profesores me contó una vez una historia sobre cómo su hermano perdió el último tren el día que tenía que viajar de la ciudad en la que estaba estudiando a su casa por vacaciones. Al ver que había perdido el tren, se sintió devastado y furioso consigo mismo.

Sin embargo, esa misma noche se enteró de que el tren que debía haber tomado se había estrellado trágicamente y casi todos los pasajeros habían fallecido. Al oír esto, dio gracias a Dios por salvarlo de lo que podría haber sido su último aliento, y se dijo: «Todo sucede por una razón». Estoy seguro de que los amigos y familiares de los pasajeros que fallecieron no estarían de acuerdo, pero desde la perspectiva del hermano de mi profesor, la frase tenía mucho sentido.

Si no hubiera sido por la muerte de mi padre en los primeros años de mi vida, no estaría aquí tratando de motivar a los demás; tendría historias completamente diferentes que contar porque mis experiencias habrían sido diferentes. Esto no significa que el hecho de que muriera sea una ventaja; con mi padre a mi lado, podría haber evitado muchas de mis dificultades. Pero la frase te ofrece una perspectiva que te da fuerzas para poder seguir adelante con tu vida.

El pasado no puede cambiarse; solo podemos cambiar cómo lo vemos. Al crear este cambio de mentalidad, empezamos a confiar en que no hay mal que *por bien* no venga. A medida que comenzamos

El hecho de que no puedas ver el regalo
que se esconde tras unos momentos
difíciles no significa que este no exista.

a adoptar una visión positiva, nuestra vida mejora. Si no cambiamos nuestra perspectiva, perdemos la alegría y quedamos limitados a estados de baja vibración.

El dolor cambia a las personas

La vida te pondrá a prueba justo antes de bendecirte.

Algunos de los mejores cambios vitales son el resultado de las experiencias más dolorosas. Hay que atravesar momentos duros para obtener la sabiduría, la fuerza y el conocimiento que son necesarios para apreciar los buenos momentos.

Cuando pasamos por momentos duros en nuestro viaje hacia el cambio, la vida puede parecernos confusa y complicada. Cuesta mucho confiar en el proceso y tener fe en que encontraremos una luz al final del túnel. Pero hemos de recordar que, utilizando las lecciones que aprendemos en el camino, podemos tomar mejores decisiones en el futuro. Si has sufrido por amor antes, es posible que decidas prestar más atención a la hora de elegir una pareja. Esto puede guiarte por el camino para encontrar a tu alma gemela: alguien que te tratará mucho mejor de lo que te ha tratado nadie hasta ahora.

Cada decisión que tomas te lleva a otras decisiones. En tu día a día recuerda que basta con tomar una pequeña decisión para que tu día sea completamente diferente. Imagínate a un chico que va a conocer a una chica en el cine y es su primera cita. Antes de irse decide comer algo. La comida no le sienta bien y se le revuelve el estómago. Tiene que ir al baño, con lo que termina retrasándose. La chica se cansa de esperar y sale del cine unos minutos antes de que llegue.

Cuando el chico llega al cine, ve que ella se ha ido. Vuelve a casa y por el camino se tropieza con una chica que le atrae al instante. Ahora imagínate que empiezan a hablar, se enamoran, se casan, tienen hijos... Y todo esto ocurre simplemente porque llegó tarde a la primera cita.

Todo está conectado. Si algo trágico ocurrió en tu pasado, piensa en algo bueno que te haya sucedido recientemente: existe una relación entre ambas cosas. Ese primer incidente de alguna manera te hizo tomar distintas decisiones, lo que te llevó a vivir una buena experiencia.

A veces debemos echar la vista atrás para repasar los acontecimientos vividos y empezar a ver la relación que hay entre las cosas. Probablemente todo tenga una razón de ser. Si examinamos las experiencias detenidamente, podríamos encontrar una lógica. Si somos capaces de verla, podemos estar seguros de que todo lo que nos suceda en el futuro, independientemente de que nos traiga dolor o alegría, tendrá un propósito.

Las lecciones se repetirán

La vida te condiciona. Cuando caes, te golpea y te pisotea. E incluso así sobrevives y sales adelante como una versión renovada y mejorada de ti mismo. Y esto es así porque has superado retos que para otros son aún demasiado difíciles.

L
a próxima vez que reces para que cambie tu situación, comprende que estás en esa situación precisamente para poder cambiar. La vida nos enseña lecciones que podemos manejar y que nos hacen dar lo mejor de nosotros. Luego nos pone a prueba para asegurarnos de que hemos aprendido la lección. Algunas de estas pruebas son crueles y otras bastante indulgentes.

En ocasiones nos topamos una y otra vez con los mismos obstáculos, porque todavía nos queda algo por aprender. Puede ser que no hayamos aprendido la lección correctamente. La mejor manera de confirmar si alguien ha aprendido lo que tenía que aprender es volver a ponerlo a prueba más de una vez, más adelante. Podría enseñarte una lección ahora y, como todavía la tienes fresca en tu mente, probablemente pasarías la prueba con mucha facilidad.

Sin embargo, si te hiciera la misma prueba pasados unos meses, te resultaría más difícil. Ese sí que sería un verdadero examen para saber si has aprendido o no la lección. Por ejemplo, si apresuras una relación con alguien que apenas conoces y al final terminas sintiéndote herido, la lección podría ser que antes de entrar en una relación necesitas conocer bien a la persona.

No basta con decir que has aprendido la lección, tienes que demostrarlo.

Así que el universo podría presentarte a otra persona, alguien con un encanto irresistible. Para probar que has aprendido la lección, tienes que demostrarlo. Si enseguida comienzas una relación con ella, existe la posibilidad de que te vuelvas a lastimar. Ten en cuenta que esto es solo un ejemplo, pero espero que te sirva para ver que a menudo pasamos por la misma prueba en más de una ocasión, y la segunda o tercera vez puede ser aún más difícil.

Fíjate en las señales de advertencia

Cuando te subes a un coche no empiezas inmediatamente a preocuparte de tener un accidente. Esa sería una forma espantosa de vivir, una manera de volverte loco. Pero, aun así, podrías tomar medidas, como usar el cinturón de seguridad, para prevenir lesiones graves en caso de que ocurriera un accidente. Esta acción también puede ser consecuencia del miedo, pero esa es la razón de ser de esa emoción: protegernos del peligro.

Si alguna vez tuviste un accidente de tráfico por beber en exceso y sobreviviste, tendrías que ser muy irresponsable para volver a hacerlo. En este caso, sería como ofrecerse como voluntario para tener otro accidente, lo que podría tener consecuencias letales. En otras palabras, estarías ignorando la lección y pidiéndole al universo que te la repitiera.

Por eso tienes que prestar atención a las señales de advertencia. El universo siempre te está guiando para vivir con autenticidad y con un propósito, y para disfrutar de todo lo bueno de la vida. Pero si algo no sale como querías, pregúntate a ti mismo qué puedes aprender de ello, porque cada mala experiencia tiene un resultado de aprendizaje que hay que tener en cuenta. Pregúntate qué cambios necesitas hacer. Y no finjas que aquello que te hace daño está bien, cuando sabes que no es así, ni dejes que los antojos emocionales y la comodidad temporal te arrastren a sufrir más.

Si sigues comiendo de esa tarta que
te hace daño, ya no eres una víctima,
sino un voluntario con hambre.

Tu propósito superior

Naciste lleno de potencial, habilidad, dones, sabiduría,
amor e inteligencia para compartir con el mundo.
Estás aquí para hacer del mundo un lugar mejor.
Tienes un propósito, y hasta que empieces a vivirlo
conforme a ese propósito sentirás un vacío dentro
de ti; una sensación que no puedes explicar del todo,
pero que te hace ver que estás hecho para más.

C reo que todos tenemos un propósito en la vida: un propósito de servir al mundo. Este propósito, junto con la experiencia del amor incondicional y la alegría, es la razón de nuestra existencia. El propósito es lo que nos da sentido.

A la mayoría nos cuesta mucho descubrir nuestro verdadero propósito. Algunos creen saber en qué consiste, pero a menudo la necesidad de ser prácticos los obliga a rechazarlo y ajustarse a las normas de la sociedad.

Piensa en un balón de fútbol. Su propósito es recibir patadas. Si lo dejamos en un rincón de la habitación, estamos ignorando su propósito; claro que a él le trae sin cuidado, porque no tiene alma. Imagínate ahora que la tuviera, y que esta alma lo hiciera ser consciente de sí mismo. Si el balón se quedara arrumbado en un rincón de la habitación, tendría una extraña sensación en su interior, como si le faltara algo. Puede que nunca se sintiera realizado, porque probablemente tendría la sensación de que no le había mostrado al mundo su verdadero valor.

Ahora imagínate que llega un momento en que finalmente alguien toma el balón y lo lanza. Este siente una gran euforia al deslizarse por el aire. Pero momentos después, vuelve a sentir un vacío en su interior; porque, aunque disfrutó, no fue suficiente.

A partir de ahí, la gente utiliza el balón de diversas maneras, y tiene mucha actividad, pero aun así sigue sintiéndose insatisfecho. Tiene la impresión de que cuantas más cosas sucedan en su vida, más se acercará a la satisfacción. Pero conforme tiene más vivencias, esta idea va dejando de tener sentido.

Hasta que llega un día en que alguien le da una *patada*. En este momento, todo cobra sentido para él. Entiende para qué fue diseñado: para recibir patadas. Mira hacia atrás, a los acontecimientos que ocurrieron en su existencia, y empieza a entender la lógica que los une. Cuando surcaba el aire, y cuando alguien lo apretaba, sentía cierto entusiasmo que estaba relacionado con su propósito. Ahora por fin sabe qué es lo que ha estado buscando toda la vida.

Cuando nos dedicamos a funciones que no se corresponden con nuestro propósito superior, obtenemos una pequeña satisfacción, pero rara vez es duradera. Eso no quiere decir que no puedas alegrarte; después de todo, siempre podemos elevar nuestra vibración. Sin embargo, solo podemos sentirnos plenamente realizados si cumplimos con el propósito para el que fuimos creados.

Es posible que la idea de tener un propósito superior te parezca absurda, pero si encontraras un *smartphone* en medio del campo, supondrías que se le había caído a alguien. No se te ocurriría pensar que algo tan complejo se formó naturalmente por accidentes de la naturaleza, durante millones de años, sin que nadie lo diseñara. No obstante, creemos que toda la raza humana, que es mucho más compleja que un *smartphone*, fue creada gracias una serie de mutaciones y al principio de supervivencia del más apto.

Aparentemente, muchos de nosotros aceptamos que no tenemos ningún propósito en la vida, y que solo somos un ser humano más en este universo de miles de millones de galaxias. Pero, sin duda, lo mismo que sucede con los teléfonos inteligentes, tu existencia ha de tener un propósito.

Cuando vivimos sin creer que exista un propósito superior, no le sacamos todo el jugo a la vida.

Podemos pasarnos la vida entera sin otro afán que luchar por llegar a fin de mes. Nuestro único propósito sería el de sobrevivir día a día, pagar la siguiente factura. Por supuesto, las facturas son importantes. Hay que pagar la comida, el agua, la vivienda, la ropa y los servicios públicos. Pero ¿en serio crees que has venido a este mundo solo para vivir así y después morir? ¿De verdad crees que la vida consiste nada más que en hacer dinero?

Se vive mejor con un propósito. Cuando
encuentras una razón significativa para hacer
lo que haces, te sientes realizado.

Mucha gente, lo mismo que yo antes, se pasa el día entero en un trabajo que les trae sin cuidado y viviendo por sus dos días de libertad cada semana. Durante esos dos días, hacen muy poco o gastan mucho, tratando de sacarle el máximo provecho a esa libertad, como hacía yo yendo a un club todos los fines de semana. Cada semana esperan con ansias esos dos días, ese tiempo precioso, porque quieren que ese descanso —ese «tiempo libre»— llegue cuanto antes. El resultado es que la vida se les puede pasar en un abrir y cerrar de ojos.

La vida es dura, y el dinero nos da mucha libertad. Pero, aun así, confía en que puedes desempeñar un propósito para el bien de la humanidad sin por ello dejar de satisfacer tus necesidades económicas. No hace falta que ese propósito sea algo grandioso; no tienes que ser el próximo dalái lama ni el siguiente Mark Zuckerberg. No obstante, deberías intentar aportarle algo al mundo, y para conseguirlo tienes que hacer algo que disfrutes con toda tu alma. Por eso la pasión juega un papel tan importante a la hora de vivir una vida extraordinaria.

No todo el mundo sabe lo que le apasiona. El médium espiritual Darryl Anka afirma que canaliza a una entidad conocida como Bashar. Según Bashar el camino más corto para descubrir lo que quieres es dejarte llevar por tu «entusiasmo». Tu próximo paso debe ser siempre el que te resulte más emocionante. No hace falta que lo justifiques, solo tienes que darlo.[15]

Así que haz lo que de verdad te entusiasma. Asegúrate de no elegir algo que calificas como emocionante solo porque no se te ocurre otra cosa, o porque crees que a otros les entusiasmará.

*Normalmente, las cosas que te atraen no son casualidad;
te han elegido a ti de la misma manera que tú vas
detrás de ellas. Realmente es así de sencillo.*

Así que no te compliques la vida pensando que tienes que saber exactamente qué es lo que quieres. Y no te engañes obligándote a hacer algo que no te parece plausible. Por ejemplo, si lo que de verdad te gusta es dibujar, podrías empezar por crear un sitio web o una cuenta en las redes sociales para compartir parte de tu trabajo con la gente. No trates de vender enseguida tus dibujos por miles de euros, sobre todo si en esta etapa las posibilidades para hacerlo parecen remotas. Debería ser algo que estés dispuesto a hacer gratis, sin esperar nada a cambio, porque es algo que te apasiona de verdad. Si no te entusiasma, no es lo adecuado para ti.

No hace falta que dejes inmediatamente tu trabajo actual y pongas en riesgo tu seguridad económica. No obstante, lo que sí deberías hacer es conservar la curiosidad, seguir anhelando cambios positivos y continuar avanzando hacia lo que estimula tu mente, tu cuerpo y tu alma.

No te preocupes por saber qué paso tienes que dar a continuación, ni qué rumbo van a seguir las cosas. Recuerda que si le muestras tu entusiasmo al universo, este te ofrecerá más razones por las que sentirte entusiasmado. En la vida, siempre que te dejes guiar por las señales, surgirán oportunidades maravillosas que te ayudarán a encontrar tu camino.

Dar pequeños pasos está bien, porque te llevarán a cosas más grandes. Con el tiempo encontrarás la manera de conseguir que lo que te apasiona pague tus facturas. Esto podría consistir en una extensión de lo que estás haciendo ahora o, si te dedicas a una profesión que no te gusta, significa que, con el tiempo, podrías dejarla y dedicarte de lleno a tu propósito.

Fuiste creado con una intención. Estás aquí para ayudar, amar, salvar y dar ánimos. Estás aquí para inspirar a los demás y devolverles la sonrisa. Estás aquí para dejar huella. No habrías venido a este mundo, no estarías aquí ahora mismo, si no tuvieras algo que ofrecer.

Tu existencia tiene una razón de ser, y cuando la descubras, no solo influirás en la evolución del mundo, sino que también experimentarás la abundancia en todas las áreas de tu vida.

Dinero y codicia

El dinero es simplemente energía, ni buena ni mala;
y en nuestro universo infinitamente abundante es
ilimitado. Gana dinero para ayudarte, no para llenarte.

A veces, la gente cree que es malo cobrar por dedicarse a lo que constituye su propósito en la vida, así que dediquemos un momento a definir en qué consiste realmente el dinero. Antes de que digas que es un símbolo que utilizamos para hacer transacciones de bienes o servicios, o cualquier otra cosa por el estilo, permíteme que te interrumpa. ¡El dinero es solo energía!

De manera que no es ni bueno ni malo. Tú decides qué etiqueta ponerle, y tu interpretación depende de si las experiencias que atraes relacionadas con el dinero son positivas o negativas.

Hay personas que hacen cosas maravillosas con su dinero, mientras que la forma en que otros lo emplean refleja la miseria que hay en sus mentes. El dinero es sencillamente un amplificador. Si no tratas de aportar algo al mundo repartiendo bondad y amor cuando tienes muy poco dinero, ¿qué te hace pensar que cuando tengas más lo harás?

El dinero fluye hacia aquellos que creen que se lo merecen y que pueden conseguirlo. Permíteme preguntarte ahora mismo: ¿cuál es tu opinión sobre el dinero? ¿Crees que mereces tener más? Tus pensamientos y sentimientos subconscientes sobre el dinero revelarán mucho sobre tu realidad actual y la que experimentarás si esta forma de pensar no cambia.

Algunos dicen que el dinero es la raíz de todo mal, pero aun así rezan por él. Eso es como ir a un Burger King, hacer un pedido y luego salir antes de que te hayan entregado la comida. ¿Cómo puede el universo concederte algo que has rechazado de antemano?

Algunos nos sentimos mal por querer más dinero; nos dicen que somos codiciosos. La verdad es que la mayoría queremos dinero para poder experimentar la libertad económica y vivir como realmente deseamos, sin restricciones. Esto puede significar, entre otras cosas, ir de vacaciones con tus seres queridos siempre que te apetezca, y no tener que preocuparte de cuánto gastas. Si te parece que esto es ser codicioso, porque otros nunca llegarán a vivir así, estás asumiendo que a) la cantidad de dinero que existe es limitada y b) que los demás nunca serán capaces de llegar a vivir mejor de lo que viven ahora y experimentar ese mismo nivel de libertad.

La codicia se basa en que existe una cantidad limitada de un bien determinado y del que tú quieres adquirir la mayor cantidad posible, robándole el bienestar a otros.

Se nos enseña que solo hay un suministro limitado de lo que queremos, pero la verdad es que hay una abundancia ilimitada y el universo se encarga de proporcionárnosla.

Por lo tanto, la limitación es solo un producto de tu mente. Cuando tu mentalidad está enfocada en lo que te falta, proyectas al universo una vibración basada en el temor que atrae más motivos para temer. Temes perder dinero, así que estás siempre pendiente de él. Te da miedo gastarlo, ya que no sabes si volverás a tener tanto. A raíz de esto, y pese a que haces lo posible por conservar el dinero, tu vibración puede crear una vía para que surjan dificultades económicas.

Cuando enfocamos nuestra energía en la carencia, manifestamos carencia. No estoy diciendo que no debas ahorrar, ni que haya que tirar el dinero a la basura. Sin embargo, deberías enfocar tu mente en la prosperidad: creer que la riqueza fluye hacia ti, y permitirlo, es muy poderoso.

Constantemente se nos habla de carencias y limitaciones, cuando de hecho tenemos capacidad creativa y control sobre nuestras circunstancias. Cuando unos individuos son capaces de inyectar miedo en las masas, la vibración general de la conciencia colectiva proyecta aún más miedo, pobreza y destrucción. Es una manera eficaz de controlar a la humanidad.

El dinero está al alcance de todos, y lo que determina la distancia a la que se encuentra de ti es solo la actitud que tienes con respecto a él. Recuerda, sin embargo, que es un bien que solo te ayuda, no te llena. No es lo que le da un sentido a tu vida. No puedes aportarle nada al mundo ni servir a los demás acumulando mucho dinero. También debes tener el deseo de aportar algo.

Encontrar la verdadera felicidad

La felicidad no viene de otras personas, otras cosas u otros lugares. Viene de dentro.

A lo largo del libro he empleado la palabra *felicidad* lo mínimo posible para dejarla para el final. Espero que puedas darte cuenta de que, de hecho, cuando elevas tu vibración y te alegras, estás experimentando la felicidad.

Nos inculcan que la felicidad depende de influencias externas: personas, lugares o cosas. Tenemos una serie de metas y deseos en la vida, y creemos que una vez que los alcancemos, seremos felices para siempre. Es decir, que la felicidad vendrá cuando encontremos a alguien a quien amar, cuando tengamos nuestra propia casa o cuando perdamos diez kilos. Todo esto puede proporcionarte una felicidad temporal, pero es efímero, no se queda contigo. Por eso, una vez que lo adquieres, sigues buscando la felicidad duradera en otras cosas externas.

Por ejemplo, con frecuencia asociamos el dinero con la felicidad o el éxito. Pero, si te fijas en las personas más pudientes del mundo, verás que es posible estar triste siendo increíblemente rico. Si utilizáramos el dinero para medir la felicidad y el éxito, ¿en qué momento comenzaría y terminaría la escala? Después de todo, las cifras pueden ser infinitas. Es fácil querer más y más, incluso después de alcanzado tu objetivo. Así que no puedes usarlas como herramienta de medición.

Al principio de este libro expliqué que deseamos las cosas porque creemos que tenerlas nos hará felices. Lo mismo ocurre con el dinero que queremos: no buscamos el dinero en sí, sino la seguridad y la libertad que nos proporcionará, porque creemos que eso nos hará felices.

Pero si fueras la única persona en el planeta y tuvieras acceso ilimitado al dinero, ¿de qué te serviría? Imagínate cómo sería poder permitirse cualquier fiesta o aventura loca que quisieras, pero con una salud deplorable. O ser capaz de comprar todo lo que siempre has querido, pero que el mundo entero te rechazara. O incluso recibir un suministro ilimitado de dinero a cambio de realizar el peor trabajo de la historia, veinte horas al día.

Ni siquiera tu pareja ideal tiene algún control sobre tu felicidad prolongada. Solo puede afectar a tu felicidad relativa, que podría desaparecer en cuestión de segundos si cambian las condiciones externas; por ejemplo, si tu pareja actúa de una manera que te haga daño.

La publicidad es experta en jugar con tu felicidad, se aprovecha de saber que todos queremos ser felices. «Cómpralo y serás feliz», te dice. Lo compras, y seis meses después lanzan una nueva versión. Entonces te das cuenta de que el producto anterior no te proporcionó una felicidad duradera, así que compras el nuevo con la esperanza de que este sí lo haga. Y vuelta a empezar.

¿Y si pudieras sentirte feliz siempre? ¿No es esto lo que en último término persigues? Eso significaría que estarías feliz con lo que tienes en cualquier momento, durante el resto de tu vida.

Podríamos decir entonces que el verdadero éxito es la felicidad duradera.

En esto consiste la verdadera felicidad. Es duradera y la experimentas cuando vibras en la frecuencia más alta, independientemente de lo que esté sucediendo en la superficie de tu vida. Creo que a esto es a lo que todos aspiramos: a alcanzar un punto en el que ni la gente ni las circunstancias puedan alterar nuestro estado emocional natural de amor y alegría.

Para mantener la felicidad, debes esforzarte en conseguir el autodominio. Es un viaje interior que requiere un crecimiento espiritual sustancial. Elegir pensamientos de superación en lugar de pensamientos limitantes debería convertirse en tu forma natural de pensar. Debes acostumbrarte a ver el lado positivo de las cosas y desprenderte del pasado; dejar de vivir en el futuro y apreciar dónde estás y lo que tienes ahora mismo; olvidarte de comparaciones y amarlo todo tal y como es, incondicionalmente. Acepta lo que hay. Sé feliz.

Palabras finales

Lograr una vida mejor no es nada fácil, y por eso la mayoría de la gente se conforma con menos. Pero si te tomas el tiempo para absorber lo que has aprendido en este libro y empiezas a actuar con determinación, positividad y tenacidad, no serás una de esas personas. Avanzando paso a paso adquirirás un impulso imparable y te acercarás cada vez más a la vida que sueñas.

Recuerda que hay una lección en cada dificultad y en cada fracaso, lo que significa que tus fracasos no tienen que ser fracasos en absoluto; son solo giros en tu camino hacia la grandeza. Si pones todo el corazón en lograr algo y no funciona, puedes tomártelo como una aseveración del universo de que eso no era lo que te convenía. Se acerca algo mejor. Sigue adelante.

Recuerda, también, que has de confiar en tus instintos. Haz caso a ese pellizco en el vientre que te advierte sobre una relación tóxica. Escucha esa voz en la cabeza que te hace saber que estás perdiendo el tiempo. Respeta tus límites personales y pídeles a los demás que los respeten también. Si sientes que algo está mal, es muy posible que tengas razón. Y si tienes la sensación de que algo es bueno para ti —una sensación maravillosa, profunda y poderosa—, probablemente estés en lo cierto. Sigue tu instinto. Déjalo fluir.

Ten fe. Despréndete del miedo y tu vida pasará de ser corriente a extraordinaria. Te conectarás con tu propósito superior, porque es imposible no hacerlo cuando te esfuerzas con cada célula de tu ser por vivir la vida comprometido con tu crecimiento personal.

Tienes todo lo que necesitas para crear una vida apasionante y hermosa, y todo comienza por quererte a ti mismo. Desarrollando y manteniendo una vibración alta, conseguirás hacer realidad tus sueños. Y aunque tardes mucho en conseguirlo, tu vibración elevada te hará sentir bien mientras tanto. Eso es lo que en el fondo queremos, ¿verdad? Sentirnos a gusto en la vida.

Te prometo que, si te comprometes a quererte a ti mismo, lograrás cosas increíbles. Puede que no sea coser y cantar. Quizá lleve su tiempo. Es posible que tengas que hacer sacrificios para seguir adelante en tu camino. Pero valdrá la pena.

Vex King.

La misión del autor

Quizá te parezca un poco extraño, pero en varias ocasiones se me han acercado desconocidos para comunicarme mensajes similares a los que te traigo en este libro. Cuando tenía veintiún años, estaba en una librería y una mujer de mediana edad se acercó a mí y me dijo: «Has sido bendecido. Te encuentras cerca de Dios. Tienes que compartir tu mensaje con el mundo porque vas a ayudar a mucha gente».

En otra ocasión, estaba esperando el tren para volver a casa después del trabajo. Mientras caminaba hacia el final de la plataforma, todas las personas que estaban allí comenzaron a alejarse. Normalmente no me ocurría esto (¡De hecho, me olí para estar seguro de que no desprendía un olor desagradable! Olía bien). Tras unos momentos, se me acercó una anciana con una bufanda en la cabeza, que parecía haber surgido de la nada, y me preguntó a qué me dedicaba. Empecé a responderle y me interrumpió diciendo: «Eres especial». Me sentía confuso y algo intranquilo, así que intenté alejarme de ella, pero entonces me dijo: «Tienes muchas bendiciones de tu vida pasada, pero también deberías saber lo que has hecho mal».

Me intrigó ese comentario, y seguí escuchándola. Comenzó a decirme qué y quién era yo, al parecer, en mi vida pasada. Me contó que había formado parte de un equipo especial del ejército. Que fui uno de los soldados más valiosos y que mi país se había beneficiado enormemente de mi labor, a pesar de que también había hecho daño a mucha gente. Me explicó las consecuencias de mi conducta en mi supuesta vida anterior.

La historia, aunque me parecía absurda, era extremadamente imaginativa y cautivadora. La mujer me explicó lo que necesitaba hacer en esta vida para completar mi misión. Una cosa que me dejó muy clara fue que no permitiera que la ira se apoderara de mí, porque eso me conduciría al fracaso, y me animó a que hablara sin falta con la gente porque podía sanarla.

Recuerdo que, en ese momento, traté de contener la risa porque todo eso me parecía extrañísimo. No me lo creía, y ella se dio cuenta. Al final me dijo: «Bueno, no hace falta que me creas, pero un buen consejo es un tesoro». En cuanto pronunció esas palabras, el tren se acercó a la plataforma tras un retraso imprevisto. Le dije que tenía que irme y caminé hacia las puertas. Se despidió, y luego dijo mi nombre, aunque yo no le había dicho cómo me llamaba. Cuando subí al tren miré por la ventana, pero no había señales de ella.

Cada vez que ocurrían cosas así, lo achacaba a una extraña coincidencia. Sin embargo, en innumerables ocasiones he tenido experiencias por el estilo a las que, en su momento, no he dado importancia; pero ahora todo empieza a tener sentido. Mi dolor me ayudó a descubrir mi pasión, que a su vez me llevó a identificar mi propósito. En el fondo de mi ser, lo que me llena de alegría es poder ayudar a los demás a mejorar sus vidas. Me encanta ver triunfar a la gente.

Hacia finales de 2015, empecé una página de Instagram para compartir mis frases y reflexiones sobre la vida, el amor y el propósito. Mi objetivo era difundir la positividad a través de Internet. Tuve en cuenta que esta plataforma era gratuita para el público y que podía aportar algo a la vida de un gran número de personas sin tener que cobrarles.

En pocos meses gané un número cada vez mayor de seguidores a medida que más y más gente se sentía atraída por mis palabras. Conforme crecía mi popularidad, llegué a tener cientos de consultas mensuales de seguidores que admiraban mi forma de entender la vida. Esta fue una oportunidad para formar a otros y orientarlos para que cambiaran positivamente.

En la actualidad, me defino como un *coach* mental, alguien que ayuda a los demás a pensar de una forma diferente y a vivir de una manera nueva y positiva. Si estás interesado en ponerte en contacto conmigo, visita mi sitio web en vexking.com.

Publica en las redes tus fotos, imágenes, páginas, citas o experiencias favoritas relacionadas con este libro con la etiqueta #VexKingBook para que te dé un *like* y las incluya en mi página.

Notas

1. Byrne, R., *El secreto*, Urano, 2007.
2. Hill, N., *Piense y hágase rico*, Ediciones Obelisco, 2012.
3. Lipton, B. H., *La biología de la creencia: la liberación del poder de la conciencia, la materia y los milagros*, PALMYRA, La Esfera de los Libros; brucelipton.com; greggbraden.com; «Sacred knowledge of vibrations and water», Gregg Braden on Periyad VidWorks, YouTube, agosto de 2012.
4. MacLean, K. J. M., *The Vibrational Universe*, The Big Picture, 2005.
5. Blifernez-Klassen, O., Doebbe, A., Grimm, P., Kersting, K., Klassen, V., Kruse, O. y Wobbe, L., «Cellulose degradation and assimilation by the unicellular phototrophic eukaryote Chlamydomonas reinhardtii», *Nature Communications*, noviembre de 2012.
6. Laird, D., Schnall, S., «Keep smiling: Enduring effects of facial expressions and postures on emotional experience and memory», Clark University, Massachusetts, 2003.
7. Carney, D., Cuddy, A., Yap, A. «Power Posing: Brief Nonverbal Displays Affect Neuroendocrine Levels and Risk Tolerance», *Psychological Science*, 2010.
8. Fiorito, E., Losito, B., Miles, M., Simons, R., Ulrich, R., Zelson, M., «Stress recovery during exposure to natural and urban environments»,

Journal of Environmental Psychology, volumen 11, n.º 3, septiembre de 1991.

9. Simoneton, A., *Radiations des aliments, ondes humaines et santé*, Le Courrier du Livre, 1971.

10. «Learn meditation from this Buddhist monk», MBS Fitness, YouTube, 2006.

11. Emoto, M., *Los mensajes ocultos del agua*, Alamah Autoayuda, 2005.

12. «J. Cole Interview», *Fuse On Demand*, YouTube, enero de 2011.

13. Sessler, M., «Kaepernick foretold future in fourth-grade letter», NFL. com, 17 de diciembre de 2012.

14. Budney, A., Murphy, S. y Woolfolk, R., «Imagery and Motor Performance: What Do We Really Know?», Sheikh, A., Korn., E. (ed.), Imagery in Sports and Physical Performance, Baywood, 1994.

15. «Bashar: Finding your Highest Excitement», *New Realities*, YouTube, 26 de septiembre de 2006.

Agradecimientos

Kaushal, mi esposa, mi alma gemela, mi mejor amiga, gracias no solo por alentarme a escribir este libro, sino también por motivarme para que compartiera mis palabras con el mundo. Siempre has creído en mí y me has visto por todo lo que soy, no por lo que no soy. Sin ti no habría sido capaz de llegar tan lejos. Eres la mejor compañera de vida que podría haber pedido.

Gracias a mis queridas hermanas por toda su ayuda para criarme y por aguantar mis travesuras. Sé que no fue fácil, pero os agradezco la paciencia que tuvisteis conmigo mientras crecía. Desde el primer día siempre he podido contar con vosotras, y hemos pasado juntos algunos de nuestros peores momentos. No creo que hubiera seguido adelante sin vosotras hasta convertirme en el hombre que soy hoy en día, que transmite su sabiduría a los demás.

A Jane, mi agente, y al equipo de Hay House Publishers, gracias por creer en este libro y en mi visión de cambiar el mundo a través de mis palabras. Vuestro esfuerzo y apoyo lo son todo para mí. Me habéis dado la oportunidad de mejorar el mundo.

Por último, a mis extraordinarios seguidores en las redes sociales que me apoyan y alientan a seguir compartiendo mis reflexiones, gracias de todo corazón. Escribo este libro por y para vosotros.

Acerca del autor

Vex King es *coach* mental, escritor y emprendedor de estilo de vida que fusiona la perspicacia natural para los negocios y la habilidad creativa para las artes con la mentalidad filosófica, la sabiduría espiritual y la fe en una actitud positiva para alcanzar el éxito.

Como optimista, visionario y filántropo, Vex es el propietario y fundador de la marca de estilo de vida Bon Vita, una plataforma que ofrece perspectivas de empoderamiento, sabiduría espiritual, soluciones prácticas, historias motivacionales, lecciones de vida y mucho más.

Vex utiliza su influencia positiva para difundir únicamente buenas vibraciones que ayuden a la gente a desarrollar todo su potencial y expresar su grandeza en todas las áreas de su vida.

@vexking
@VexKing
vexking
vexking.com